어린이
과학 인문
시 리 즈
①

블랙홀에서 양자역학까지 세상을 바꾼 위대한 15명의 연구 업적

노벨상 수상자보다 빛난
천재 물리학자들

어린이
과학 인문
시리즈

①

블랙홀에서 양자역학까지 세상을 바꾼 위대한 15명의 연구 업적

노벨상 수상자보다 빛난
천재 물리학자들

이억주 · 송은영 글 | 양혜민 그림

뭉치
MoongChi
Books

스티븐 호킹이 노벨상을 못 받았다고?

알베르트 아인슈타인, 마리 퀴리, 빌헬름 뢴트겐, 에르빈 슈뢰딩거, 리처드 파인먼…… 이들의 공통점은 무엇일까요? 노벨 물리학상을 받은 사람들이에요.

스티븐 호킹, 에드윈 허블, 로버트 오펜하이머, 알렉산더 그레이엄 벨, 알프레트 베게너……. 이들의 공통점은 무엇일까요? 노벨 물리학상을 받지 못한 사람들이에요.

노벨 물리학상을 받은 사람이나, 받지 못한 사람이나 과학사에 커다란 업적을 남긴 유명한 과학자들이지요.

블랙홀 연구로 유명한 스티븐 호킹이 노벨상을 받지 못했다고 하면 사람들이 깜짝 놀라요. '왜 못 받았지?' 하며 고개를 갸웃거리지요. 우주 팽창설을 주장한 에드윈 허블이나, 영화로도 나왔던 로버트 오펜하이머도 마찬가지예요.

노벨상을 받으려면 몇 가지 조건이 맞아야 해요.

첫째, 인류의 삶에 영향을 미친 업적이 있어야 해요.
둘째, 새로운 이론, 기술 또는 방법이 중요한 변화를 일으켜야 해요.

셋째, 업적에 윤리적인 문제가 없어야 하고, 인류의 가치를 증진해야 해요.

넷째, 살아 있어야 해요.

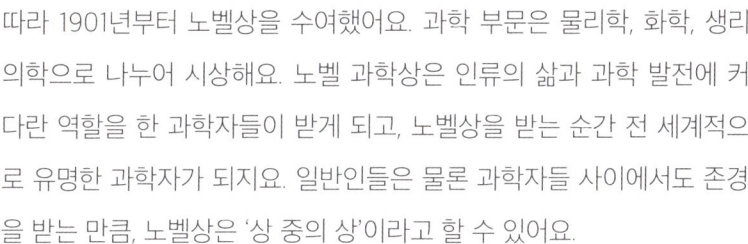

다이너마이트를 발명한 스웨덴의 알프레트 노벨(1833~1896)의 유언에 따라 1901년부터 노벨상을 수여했어요. 과학 부문은 물리학, 화학, 생리의학으로 나누어 시상해요. 노벨 과학상은 인류의 삶과 과학 발전에 커다란 역할을 한 과학자들이 받게 되고, 노벨상을 받는 순간 전 세계적으로 유명한 과학자가 되지요. 일반인들은 물론 과학자들 사이에서도 존경을 받는 만큼, 노벨상은 '상 중의 상'이라고 할 수 있어요.

그래서 유명한 과학자들은 당연히 노벨 과학상을 받았다고 생각하는 경우가 많아요. 스티븐 호킹이 대표적이에요. 주기율표를 만든 멘델레예프, 나일론을 발명한 캐러더스, 정신분석학의 창시자 프로이트, 침팬지 연구의 대가 제인 구달 등도 유명한 과학자예요. 하지만 노벨 과학상을 받지 못했어요. 왜 그런지 궁금하지 않나요?

이제부터 그 비밀을 알려 줄게요. 너무나 유명한데, 과학적인 업적이 뛰어난데, 인류의 삶에 커다란 영향을 미쳤는데 왜 노벨 과학상을 받지 못했을까요? 노벨 과학상을 받지 못했어도, 상을 받은 과학자만큼이나 유명한 과학자들을 함께 만나 보아요.

스티븐 호킹은 도대체 왜 노벨 물리학상을 받지 못한 걸까요?

2025년 11월

이억주·송은영 씀

차례

1장

블랙홀에 빨려 들어간

스티븐 호킹

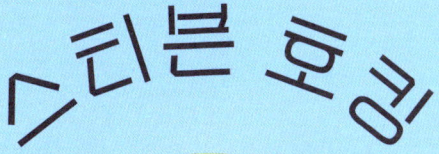

* **스티븐 호킹**

  영국의 물리학자

  1942년 출생, 2018년 사망

  블랙홀, 양자역학, 우주론 등 과학의 대중화에 크게 기여

  『시간의 역사』 등 대중 과학서 다수 집필

  1982년 대영제국 훈장 수상

  Stephen Hawking

> "
>
> 스티븐 호킹 박사는 나와서,
> 스웨덴 국왕이 수여하는
> 노벨 물리학상을 받으시길 바랍니다!
>
> "

사진 1. 2012년, 스티븐 호킹.

'노벨 물리학상 심사 위원장이 내 이름을 불렀어. 나는 머리를 살짝 움직여 휠체어를 앞으로 이동해 국왕에게 갔어. 국왕은 활짝 웃으며 나에게 증서와 메달을 주기 위해 다가왔어. 어! 그런데 휠체어를 잘못 조작했나 봐. 왜 뒤로 가지? 국왕이 점점 멀어져……'

후유! 또 꿈이네.

안녕! 나는 스티븐 호킹이야. 노벨상 수상자를 발표하는 10월만 되면 자주 이런 꿈을 꿔. 노벨 물리학상에 대해 생각하지 않은 지도 오래됐는데 말이야. 내가 살아 있는 동안 노벨 물리학상을 받을 수 없다는 것도 잘 알고 있었어. 왜 냐고? 움직이기도 힘든 몸으로 평생 연구한 '블랙홀 이론'은

입증하기가 정말 어렵거든.

특히 노벨 과학상 분야는 뛰어난 이론을 발표해도 실험으로 입증하지 않으면 수상할 수 없어. 나보다 더 뛰어난 알베르트 아인슈타인도 '상대성이론'으로는 노벨 물리학상을 받지 못했어. 금속에 빛을 쐬면 전자가 방출된다는 '광전효과'를 연구해서 상을 받았지.

아인슈타인에게 노벨 물리학상을 안겨 준 광전효과

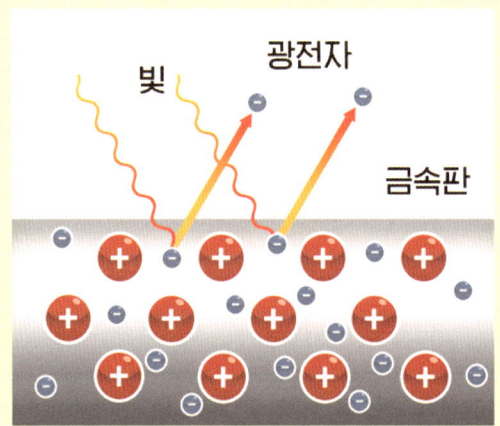

금속에 빛을 쐬면 전자가 나와요. 이런 전자를 '광전자'라고 하는데, '빛 때문에 나온 전자'라는 뜻이에요. 이런 현상을 '광전효과'라고 불러요.

루게릭병에 걸리고 말았어!

난 1942년 1월 8일, 영국 옥스퍼드에서 태어났어. 내가 태어난 날은 근대 물리학의 문을 연 갈릴레오 갈릴레이가 죽은 지 꼭 300년이 되는 날이기도 해. 그래서일까? 난 갈릴레이의 천재성을 물려받았는지도 몰라. 옥스퍼드대학교 출신인 부모님께서는 나도 아버지처럼 의사가 되기를 바랐어.

나는 옥스퍼드대학교에 입학했지만, 의학 대신 물리학을 선택했어. 물리학은 정말 너무 재밌고, 쉬웠어! 친구들은 나를 '아인슈타인'이라고 불렀지. 공부만 잘한 게 아니야. 대학교 요트팀의 키잡이였고, 친구들과 카드 게임도 즐겼어.

그래도 공부하는 게 더 좋아서, 1962년에 케임브리지대학교의 트니리티 칼리지 대학원 과정에 입학했어. 트니리티 칼리지 하면, 아이작 뉴턴인 거 알지? 그러니까 뉴턴이 바로 내 선배야. 난 그야말로 갈릴레이, 뉴턴, 아인슈타인 등 물리학의 대가들과 인연이 깊다고. 뉴턴 선배의 숨결을 느끼면서 천체물리학과 우주론을 공부했지.

그러던 어느 날이었어. 학교에서 계단을 내려오는데 갑자기 어질어질한 거야. 균형을 잡지 못하고 그만 넘어지고 말았지.

병원에 가니 의사는 내가 루게릭병에 걸렸다는 거야. 눈앞이 깜깜했어. 내가 루게릭병이라니! 루게릭병 알지? 어려운 말로 '근위축성측색경화증'이라는 건데, 몸의 근육이 차츰차츰 마비되어 결국엔 온몸이 굳어지는 병이야. 난 겨우 20대 초반이었는데, 신발 끈 묶는 것도 어려워졌지.

의사는 2년 이상 살기 어렵다고 말했어. 정말 우울한 나날이었지. 그래도 난 포기하지 않았어!

'나보다 더 불행한 사람도 많다.'

내 처지가 원망스러울 때마다 이렇게 되뇌었어. 그리고 2년이라는 시간이 지났지. 병이 나은 것은 아니었지만, 난 살아 있었어! 이런 게 기적 아니겠어?

블랙홀이 나를 끌어당겼어!

살아 있기는 했지만, 시간이 갈수록 난 움직이지도 못하고, 말도 할 수 없었어. 그런데 이런 나의 소식을 들은 휠체어 제조회사에서 내 머리와 눈동자의 미세한 움직임만으로

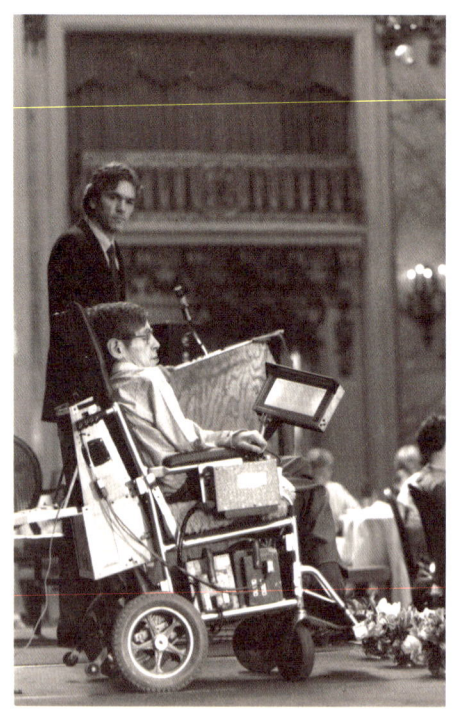

사진 2. 1980년대 중반 샌프란시스코 루게릭병 센터를 방문한 스티븐 호킹.

도 의사소통할 수 있는 장치를 만들어 주었지. 난 연구 활동을 계속할 수 있게 됐어. 내가 좋아하는 우주와 블랙홀을 마음껏 연구했지.

그리고 나의 우상 아인슈타인은 1915년 일반상대성이론을 발표했어. 일반상대성이론의 결론은 이거야.

우주에는 모든 것을
빨아들이는 신비한 천체가
존재한다. 이 천체는
중력이 너무도 강하고, 또 강해서 빛조차 빠져나오지
못할 것이다.

이 신비한 천체가 바로 블랙홀(검은 구멍)이야. 빛이 있어야 밝을 텐데, 빛조차 빠져나오지 못하니, 블랙홀은 어둡고 검을 수밖에 없지.

블랙홀이란 이름은 1969년에 미국의 천체물리학자 존 아치볼드 휠러가 처음 지었어. 블랙홀이 신비한 천체가 된 것은 중력 때문이야. 아인슈타인은 일반상대성이론에서 중력에 의해 공간이 휘는 것을 설명했지.

중력이 무한히 커진 것이 바로 '블랙홀'이야. 블랙홀을 연구하면서 나는 이렇게 생각했어.

'별이 에너지를 다 써 버리고 붕괴하면 블랙홀이 된다. 이렇게 에너지가 고갈된 별에선 어떤 신비한 현상들이 일어날까? 에너지가 고갈된 별은 손가락 하나 제대로 움직일 수 없는 내 처지와 너무도 흡사해!'

태양만 한 별이 에너지를 다 써 버리고 붕괴해서 블랙홀이 되면, 반지름이 3킬로미터 이하로 줄어들어. 태양의 반지름은 약 70만 킬로미터이니, 반지름이 23만 배 이상으로 수축하게 되는 거지. 블랙홀은 모든 것을 빨아들이기만 하고 내보내지 않아서, 특징을 알기가 매우 어려워. 그래서 과학자들은 이렇게 말해.

"블랙홀에는 머리카락이 없다."

머리카락이 있으면 사람마다 생김새를 구별하기 쉬운데, 블랙홀은 특징이라고 말할 만한 게 아무것도 없다는 걸 이렇게 표현한 거야.

오른쪽 그림은 중력에 의해 공간이 휘는 모양을 표현한 거야. 평평한 고무천 가운데 무거운 쇠구슬(태양)을 올리면 푹 꺼지면서 공간이 휘게 돼. 그리고 작은 구슬을 고무천 가장자리에서 굴리면 큰 구슬 주의를 원을 그리며 도는데, 이게 바로 행성이 태양 주위를 도는 것과 같은 원리야. 중력 때문에 작은 구슬은 결국 큰 구슬 쪽으로 빨려 들어가게 되지.

블랙홀은 영원하지 않아!

난 블랙홀에 빨려들 듯이 연구에 매진했고, 1974년 블랙홀 연구에서 중요한 일을 해냈어.

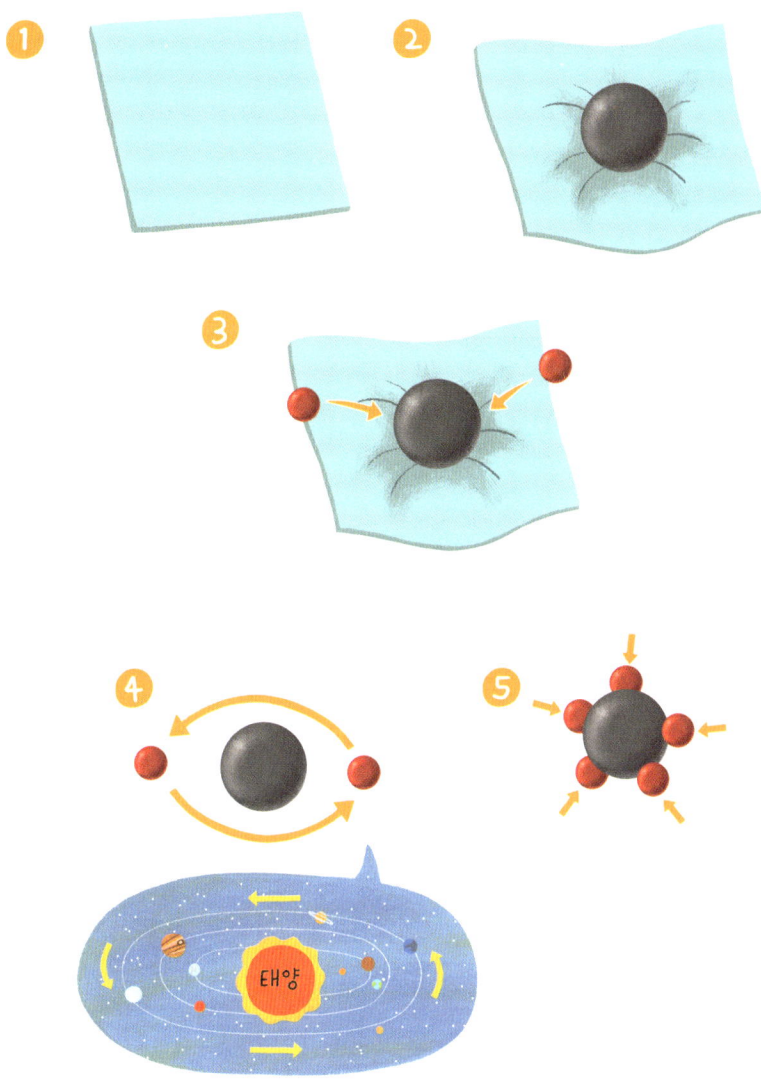

블랙홀은 눈에 보이지 않는 아주 작은 입자를

방출하면서 서서히 줄어들다가,

결국 증발하면서 사라진다.

　나는 이 이론에 내 이름을 붙여서 '호킹 복사'라고 불렀어. 호킹 복사의 특징은 가벼운 블랙홀일수록 더 빠르게 증발하고 사라진다는 거야. 천체물리학자들은 우주가 탄생한 초창기에 수많은 미니 블랙홀이 생성되었을 것으로 예측했

사진 3. 블랙홀을 형상화한 이미지.

어. 여기에 호킹 복사를 적용하면, 우주 생성 초창기에 미니 블랙홀이 탄생했더라도 너무나 가벼워서 이미 소멸해 사라져 버렸을 거라는 걸 예측할 수 있지.

나는 루게릭병으로 사지가 마비된 상태였고, 손가락 하나 맘대로 움직일 수 없어서 복잡한 수식을 암산으로 풀 수밖에 없었어. 하지만 루게릭병이 내 머리까지 굳게 한 건 아니었지.

나는 실낱같은 목숨을 부여잡고 마지막 순간까지 연구했어. 노벨 물리학상을 받으려면 이론을 입증해야 했거든. 하지만 2018년 3월 14일, 하늘의 부름을 받게 되었지. 아, 그날은 아인슈타인의 생일이기도 해.

그리고 2년이 지난 2020년, 그해 노벨 물리학상은 로저 펜로즈 영국 옥스퍼드대학교 교수, 라인하르트 겐첼 독일 막스 플랑크 외계물리학연구소 교수, 앤드리아 게즈 미국 로스앤젤레스 캘리포니아대학교 교수에게 돌아갔어. 세 사람의 수상 이유는 이거야.

블랙홀 연구에 새로운 지평을 열었다.

'호킹 복사' 그리고 '사건의 지평선'

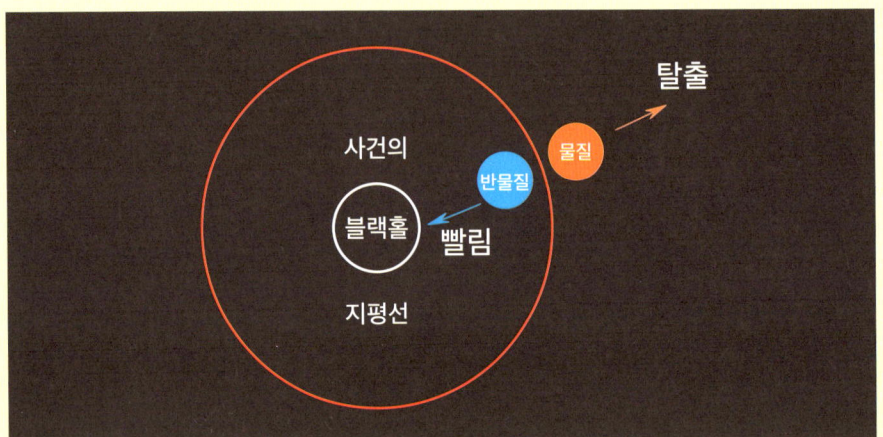

블랙홀이 시작되는 경계를 '사건의 지평선'이라고 해요. 물질이 이 지평선을 지나면 블랙홀에 빨려 들어간다고 알려져 있었죠. 그런데 사건의 지평선을 지나는 순간 반물질이 생겨요. 이 반물질만 빨려 들어가고 물질은 에너지가 되어 빠져나와요. 이렇게 에너지로 나온 물질을 '호킹 복사'라고 불러요. 복사는 사방으로 퍼져 나온다는 뜻이에요.

    펜로즈 교수는 블랙홀 이론을 수학적으로 정립한 학자인데, 1965년에 나와 함께 블랙홀이 실제로 존재할 수 있다는 것을 증명했지. 겐첼 교수와 게즈 교수는 블랙홀을 관측하는 데 성공했어. 두 사람은 지구에서 약 2만 6,000광년 떨어진 우리은하 중심에 태양 질량의 400만 배 되는 초대형 블랙홀이 존재한다는 것을 확인했어.

내가 2년만 더 살았다면 이들과 함께 노벨 물리학상을 받았을 텐데 말이야. 아, 하늘나라에서 아인슈타인을 만났는데 이렇게 말하더라고.

"일반상대성이론을 더 빛나게 한 것은
호킹, 당신이야!"

2장

멀어지는 우주를 본

에드윈 허블

* 에드윈 허블

미국의 천문학자

1889년 출생, 1953년 사망

세계에서 가장 큰 100인치 망원경을 사용해 은하계의 성운을 관찰

'허블의 법칙' 발견

1939년 벤저민 프랭클린 메달 수상

Edwin Powell Hubble

> **❝**
> 에드윈 파월 허블이
> 1953년 노벨 물리학상 수상자로 선정되었음을
> 알려 드립니다.
> **❞**

사진 1. 1931년, 에드윈 허블.

에드윈 파월 허블이 노벨 물리학상 수상자로
선정되었지만, 발표 전에 세상을 떠났기 때문에
수상에서 제외되었음을 알려 드립니다.

-노벨 물리학위원회의 엔리코 페르미와 수브라마니안 찬드라세카르

'이런 소식을 들었다니, 아내 그레이스가 괴로웠겠군!'

안녕! 나는 에드윈 허블이야. 1929년에 '우주가 팽창'한다
는 허블의 법칙을 발표했어. 사람들은 깜짝 놀랐지. 우주가
팽창하다니 말도 안 되는 헛소리라고 생각한 거야. 우주가
고무풍선이 부풀듯이 사방으로 팽창하고 있다는 건 쉽게
믿을 수 없겠지.

이 발견은 20세기 천체물리학이 이루어 낸 최고의 업적이

었어. 그때까지만 해도 천문학적 업적은 물리학에 포함되지 않아서 노벨상을 받을 수 없었어. 노벨 천문학상이 있었다면 모를까.

원래는 법학을 공부했어!

난 1889년 11월 20일, 미국 미주리주 마시필드에서 태어났어. 주위에서 공부 잘한다는 얘기를 많이 듣고 자랐지. 공부만 잘한 게 아니야. 고등학교 때는 육상 선수, 대학교 때는 농구 선수로 활약했어.

그런데 사실 난 어릴 적부터 천문학에 관심이 많았어. 고등학교 때는 행성과 별을 관측하고 기록도 했지.

하지만 나는 부모님의 바람대로 시카고대학교에서 법학을 전공했어. 그렇다고 천문학에 대한 꿈을 접은 것은 아니었어. 법학을 공부하면서 틈틈이 천문학, 물리학, 수학을 공부했지.

그때 영국의 자선사업가인 로즈의 유언으로 설립한 '로즈 재단'에서 우수한 학생을 뽑았는데, 내가 뽑힌 거야. 그래서 로즈 장학금을 받았지. 또 로즈 장학생으로 뽑힌 학생들은

영국 옥스퍼드대학교에서 공부할 수가 있었어. 로즈 장학생으로 뽑힌다는 것은 정말 영예로운 일이야.

난 옥스퍼드대학교 대학원에 입학했고, 그때도 부모님의 뜻을 따라서 법학을 공부했지.

그런데 1913년에 존경하는 아버지가 돌아가셨고, 난 가족의 생계를 위해 미국으로 돌아와야 했어. 고등학교 교사가 되어 아이들을 가르치고, 법률과 관련한 일도 하면서 가족의 생계를 도왔지.

집안 사정이 나아지자 난 어릴 적부터 꿈꿔 온 소망을 이루어야겠다고 생각했어. 시카고대학교 대학원에 들어가서 천문학을 공부하기로 결심한 거야! 나는 우주에서 구름 모양으로 퍼져 있는 성운을 공부했어. 그래서 박사 학위까지 받았지.

내가 맨 처음 일한 곳은 윌슨산에 있는 천문대였어. 이 천문대에는 당시에 가장 성능이 좋은 천체망원경이 설치돼 있었지. 로스앤젤레스 윌슨산 1,742미터 정상에 지름 254센티미터의 반사망원경이 있는 곳이었어. 2미터 54센티미터라니, 어마어마하지?

사진 2. 윌슨산 천문대.

우주가 점점 멀어지고 있어!

1914년, 제1차 세계대전이 일어났어. 나도 군에 입대해 참전했지. 전쟁이 끝난 뒤 본격적으로 천문대에서 연구 생활이 시작됐어. 어릴 적 꿈이 이루어진 거야.

밤낮을 가리지 않고 열심히 연구했지. 뭐, 사실 천문학 연구라는 게 주로 밤에 하는 거지만 말이야. 밤에는 관측하고, 낮에는 사진을 현상하고 기록하는 일을 해야 해.

나는 안드로메다은하에 속한 변광성(별빛의 밝기가 변하는 별)을 관측해서 안드로메다은하까지의 거리가 90만 광년이라는 것을 알아냈어. 사실 2000년대 이후 밝혀진 약 250만 광년 거리와는 차이가 있지만 말이야.

난 곰곰이 생각했지.

'우리은하의 지름은 90만 광년에 훨씬 못 미친다. 90만 광년은 우리은하의 크기를 넘는 거리다. 큰 것이 작은 것에 들어갈 수는 없다. 그렇다면 안드로메다은하가 우리은하 밖에 있다는 얘기가 아닌가!'

맞아! 안드로메다은하는 우리은하에 속하지 않는 은하였어. 난 안드로메다은하가 우리은하 밖에 존재한다는 사실을 발견한 거야! 20세기 전까지만 해도 우주에는 우리은하 하나밖에 없다고 생각했으니, 엄청난 발견이지? 난 또 생각해 봤어.

'우주에는 안드로메다은하 이외에도 더 많은 은하가 존재할 것이다.'

이렇게 큰 은하가
우리은하에 포함될 수는 없어.
안드로메다은하는
우리은하 밖에 있는 게 틀림없어!

나는 계속해서 밤하늘을 관측하고, 또 관측했어. 그랬더니 우주는 우리은하와 안드로메다은하 말고도 수많은 은하로 가득 차 있었어. 많은 은하를 관측하고 사진을 찍어 보니 모양에 따라 넷으로 분류할 수 있었어. 타원은하, 나선은하, 렌즈 은하, 불규칙 은하로 말이야.

난 윌슨산 천문대 망원경으로 은하들 사이의 거리를 측정했어. 그리고 은하들의 여러 물리적인 현상을 체계적으로 분석해 보았지. 그랬더니 놀랄 만한 결과가 나왔어. 우주가 점점 멀어지고 있는 거야!

나보다 훌륭한 천문학자들이 많았지만, 지금까지 우주가 팽창한다고 생각한 사람은 없었어. 나는 이것을 내 이름을 따서 '허블의 법칙'이라고 불렀지. 그 내용을 간단하게 정리하면 다음과 같아.

첫째. 우주는 팽창한다.
둘째. 우리 우주에 속한 은하들은 바깥쪽으로 움직인다.
셋째. 은하가 바깥쪽으로 움직이는 속도, 즉 은하의
팽창 속도는 거리에 비례한다. 즉 멀리 떨어진
은하일수록 더 빠르게 바깥쪽으로 움직인다.

사진 3. 미국항공우주국(나사)의 허블 우주 망원경이 1995년에 처음 촬영한 '창조의 기둥'을 다시 관측해 찍
　　　은 사진.

내가 주장한 우주 팽창설은 증명되었어!

그런데 이렇게 중요한 업적을 이루고도 난 노벨 물리학상을 받을 수 없었어. 그때까지만 해도 노벨 물리학상은 천문학에서 이루어진 연구를 수상 기준에 포함하지 않았던 거야.

난 천문학도 물리학과 마찬가지로 중요한 분야라는 것을 알리기 위해 노력했지. 하지만 내가 살아 있는 동안 이런 생각은 바뀌지 않았어.

그러던 1949년의 어느 날, 난 갑자기 심장이 너무 아팠어. 쥐어짜는 듯한 고통이었지. 아내의 보살핌을 받으며 열심히 연구에 몰두했지만, 1953년 9월 28일, 우주의 은하가 날 불렀어.

노벨상은 매년 10월 첫째 주부터 발표를 시작해. 1953년에는 10월 8일에 노벨 물리학상을 발표했지. 열흘만 더 지구에 머물렀다면, 내가 받았을지도 몰라. 아내 그레이스도 엄청나게 기뻐했을 거고.

하지만 많은 천문학자의 노력으로 드디어 천문학 분야에서도 노벨상이 나오기 시작했어. 1983년에는 중성자별과 블랙홀을 연구한 인도 출신 천체물리학자 찬드라세카르가

허블의 법칙

허블은 여러 은하의 거리를 살펴본 후, 멀리 있는 은하일수록 멀어지는 속도가 더 빠르다는 사실을 알아냈어요. 이것을 '허블의 법칙'이라고 해요. 허블의 법칙은 우주가 팽창한다는 사실을 확인해 주는 중요한 발견이었어요.

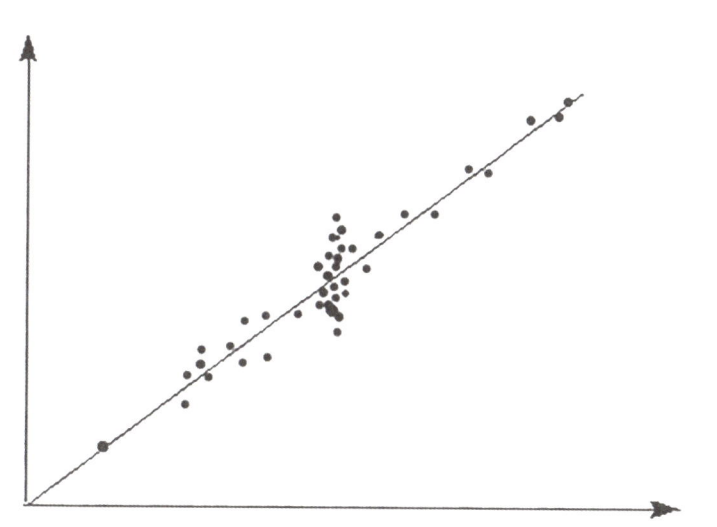

가로축: 거리, 세로축: 후퇴 속도

은하의 종류를 점으로 나타내 보면, 거리가 멀수록 후퇴 속도도 빠르다는 것을 알 수 있어요.

노벨 물리학상을 받았어. 또 2011년에는 솔 펄머터, 브라이언 슈미트, 애덤 리스가 받았는데, 이들의 수상 이유는 다음과 같아.

> 그들은 초신성 연구를 통해 우주가 점점
> 빠르게 팽창하고 있다는 사실을 밝혀,
> 우주의 장막을 걷어내는 데 기여했습니다.

3장

원자폭탄의 아버지

로버트 오펜하이머

* **로버트 오펜하이머**
  미국의 이론물리학자
  1904년 출생, 1967년 사망
  중성자별 연구
  제2차 세계대전 당시 '맨해튼 프로젝트'를 주도해 원자폭탄 개발
  훗날 수소폭탄 개발에 반대

J. Robert Oppenheimer

"

로버트 오펜하이머는 핵물리학에 이바지한 공로가 크지만,
원자폭탄을 개발한 주역에게 노벨상을 수여하는 것은
상의 취지에 맞지 않습니다.

"

사진 1. 1964년, 로버트 오펜하이머.

'노벨상 심사 내용은 수상자가 죽은 뒤 50년 동안
비밀에 부쳐서 내가 알 수는 없지만, 아마도 이것이
심사 위원들의 생각이었을 거야.'

안녕! 나는 로버트 오펜하이머야. 세계적인 영화감독 크리스토퍼 놀란이 나를 주제로 〈오펜하이머〉라는 영화를 만들었더군. 나는 제2차 세계대전 당시 미국이 원자폭탄을 개발하기 위해 진행한 '맨해튼 프로젝트'를 총지휘했고, 마침내 원자폭탄 개발에 성공했어.

1945년, 우리가 만든 원자폭탄 2개를 일본의 히로시마와 나가사키에 떨어뜨렸지. 10만 명이 넘는 사람들이 그 자리에서 죽고 말았어. 원자폭탄으로 제2차 세계대전은 끝났지만, 나 때문에 수많은 사람이 죽었다고 생각하니 과학자로서 너무나 괴로웠지.

당시 나는 블랙홀을 비롯해 핵물리학 분야에서 나름 잘나가는 물리학자였어. 1946년, 1951년, 1967년 이렇게 세 차례나 노벨 물리학상 후보에도 올랐지. 하지만 선정된다고 해도 받지 않는 게 도리라고 생각했어.

대학에서는 화학을 전공했어!

난 1904년 4월 22일, 미국 뉴욕에서 태어났어. 독일 출신의 유대계 미국인이었던 아버지가 양복 사업으로 크게 성공해 부유하게 자랐지. 훗날 아버지로부터 재산을 물려받았는데, 거기에는 반 고흐의 그림 석 점, 피카소의 그림 한 점, 르누아르의 그림 한 점 등이 있었어. 이런 그림은 아무나 소장할 수 있는 게 아니거든.

나는 공부가 제일 쉬웠어. 학창 시절 늘 1등을 했지. 그런데 우리 부모님은 걱정을 많이 하셨어. 학업 성적은 좋았지만, 내가 친구들과 잘 어울리지 못했거든.

뭐, 당연히 운동하는 것도 싫어했어. 혼자서 공부하고 책

사진 2. 일본 나가사키 상공에 솟아오른 원자 구름.

읽는 게 가장 좋았어. 하버드대학교도 척 붙었고, 3년 만에 최우등생으로 화학과를 졸업했지.

그리고 3개월 후 1925년, 영국으로 유학을 떠났어. 당시 과학의 선두에 선 나라는 미국이 아니라, 영국이나 독일이 있는 유럽이었거든. 처음엔 케임브리지대학교의 캐번디시 물리학 연구소로 갔어. 그곳에서 원자를 구성하는 입자인 '전자'를 발견해 1906년 노벨 물리학상을 수상한 조지프 존 톰슨의 지도를 받았지.

그런데 대학에서 화학을 전공한 나한테는 케임브리지대학교에서의 물리학 공부가 버거웠어. 심각하게 고민하던 중에 닐스 보어가 독일의 괴팅겐대학교로 옮기는 걸 추천했지. 닐스 보어는 양자론의 대가 중 한 명이었는데, 그 당시 닐스 보어도 케임브리지대학교에서 공부하고, 연구하는 중이었어.

난 보어의 말대로 괴팅겐대학교로 옮겼고, 막스 보른 교수 밑에서 연구하면서 이론물리학인 양자역학을 공부했어. 막스 보른은 양자역학에 이바지한 공로로 1954년에 노벨 물리학상을 받은 물리학자야.

괴팅겐대학교 대학원에서 양자 이론을 공부하고 연구하

사진 3. 덴마크 코펜하겐 출생의 물리학자 닐스 보어. 사실상 20세기 초에 등장한 양자 이론의 고전적 형태를 완성했다.

면서 이론물리학에 서서히 자신감을 얻었지. 이 대학원에서 베르너 하이젠베르크, 볼프강 에른스트 파울리, 엔리코 페르미, 유진 위그너와 같은 20세기 양자역학을 만든 천재들과 함께 연구했어.

맨해튼 프로젝트 책임자가 되었어!

괴팅겐대학교에서 박사 학위를 받고, 25살 때인 1929년 미국으로 돌아왔어. 그리고 서부의 UC 버클리대학교와 캘리포니아 공과대학교의 교수로 일했지. 버클리에서 얻은 가장 큰 수확은 많은 사람과의 소통이었어. 버클리대학교에서 입자 가속기인 사이클로트론을 개발한 어니스트 로런스와 친구가 되었지. 로런스도 1939년에 노벨 물리학상을 받았어.

로런스와 나는 성격도 사고방식도 전혀 달랐지만, 둘도 없는 절친이 되었지. 로런스와 친하게 지내면서 어릴 적 혼자 있기 좋아한 성격도 바뀌었어. 그렇게 바뀐 성격이 훗날 원자폭탄 개발 계획인 맨해튼 프로젝트의 책임자가 되는 데 토대가 된 것 같아. 친구란 정말 중요한 존재지?

나는 원래 정치에는 관심이 없었어. 그런데 1930년대 중반 히틀러가 등장하면서 독일에서 활동하던 알베르트 아인슈타인, 막스 보른, 유진 위그너 같은 유대인 학자들이 추방당하는 것을 본 후부터 정치에 관심을 가지게 되었지. 나도 유대인의 아들이었거든. 그래서 추방된 유대인 물리학자들을 돕기 위해 적극적으로 모금 운동을 펼치기도 했어.

사진 4. 원자폭탄 배치 전 일본 지도를 보고 있는 오펜하이머(오른쪽)와 그로브스 장군.

그러던 중 독일에서 원자폭탄을 만든다는 소식을 들었고, 미국 정부는 나를 맨해튼 프로젝트의 연구소 소장으로 임명했어. 독일보다 먼저 원자폭탄을 만들어야 했거든.

이 프로젝트에는 내로라하는 노벨 물리학상 수상자들이 거의 다 참여했어. 나는 이들과 잘 소통하며 리더로서의 역할을 해냈지.

핵분열 원리

우라늄처럼 무거운 원자핵이 중성자를 만나면 더 가벼운 원자핵 2개로 갈라져요. 이것을 '핵분열'이라고 해요. 핵분열이 일어나면 많은 에너지가 나오고, 중성자 2~3개가 더 나와요.

난 원자폭탄을 개발하면서 일어나는 문제들을 빠르게 해결해 나갔어. 핵무기의 이론적인 기반을 확립하고, 핵반응과 관련한 중요한 물리학적 원리를 연구했지. 1943년 3월에 시작해서 1945년 8월에 마침내 원자폭탄 2개를 만들었어.

1945년, 일본의 히로시마와 나가사키에 원자폭탄이 떨어졌고, 그렇게 전쟁은 끝났어. 너무나도 많은 사상자가 발생했고, 난 원자폭탄 개발에 참여한 것을 깊이 후회했지. 남은 삶도 죄책감에서 벗어날 수 없었어. 그래서 난 수소폭탄 개발을 반대하고 나섰고, 이 일로 정부의 미움을 샀어.

노벨 물리학상 수상자로 선정되었더라도 거절했을 거야!

블랙홀을 예견한 논문과 핵물리학 발전에 이바지한 것만으로 충분히 노벨 물리학상을 받았을지도 몰라. 그렇지만 결국 노벨상은 받지 못했지. 그 이유는 3가지 정도로 요약할 수 있을 것 같아.

첫째는 블랙홀의 검증 문제야.

내가 블랙홀을 예견하는 논문을 발표했을 당시에는
대다수의 물리학자와 전체물리학자들이 블랙홀에
의심이 많았어. 블랙홀은 그저 상상의 산물이라는
거였지. 블랙홀의 존재가 증명된 건 내가 죽고 나서
한참 지난 뒤였어.

둘째는 내가 원자폭탄 개발의 주역이었기 때문이야.
핵물리학과 관련한 업적이 크다고는 해도, 수많은
사상자를 낸 원자폭탄 개발자에게 노벨상을 줄 수는
없었을 거야.

셋째는 정치적인 문제야.
나는 원자폭탄보다 훨씬 큰 위력의 수소폭탄 개발만은
막으려고 노력하다가 정부의 미움을 사고 말았어.
그리고 공직에서 쫓겨나고 말았지. 이것이 노벨
물리학상을 받지 못한 또 하나의 이유가 되었다고
생각해.

1983년 노벨 물리학상은 미국 시카고대학교의 수브라마

니안 찬드라세카르 교수와 미국 패서디나 공과대학교의 윌리엄 파울러 교수에게 돌아갔어.

올해의 수상자들은 별의 구조와 진화 연구에 이바지했습니다.

찬드라세카르는 별의 구조와 진화 과정, 파울러는 우주의 원소 형성과 핵융합반응에 관해 연구했어. 이런 연구들이 내가 관여한 핵물리학 분야에서 나온 거지. 질량이 태양 정도인 별은 밀도가 높고 흰빛을 내는 백색왜성으로 변하게 되고, 태양보다 월등히 무거운 별은 끝내 블랙홀이 돼. 알지? 블랙홀도 내 연구 분야였다고!

4장

상대성이론을 검증한

아서 에딩턴

* 아서 에딩턴

영국의 천문학자
1882년 출생, 1944년 사망
상대성이론을 입증하고 대중화하는 데 기여
백색왜성 연구 등으로 1924년 영국 왕립천문학회 금메달 수상
1930~1932년 영국 물리학회 회장, 국제 천문학 연맹 회장

Arthur Stanley Eddington

> **"**
>
> ## 과학의 혁명, 새로운 우주론, 뉴턴주의는 무너졌다!
> -《더 타임스》
>
> ## 하늘에서 빛이 휘다: 아인슈타인 이론의 승리
> -《뉴욕 타임스》
>
> **"**

사진 1. 1934년, 아서 에딩턴의 초상화.

안녕! 난 아서 스탠리 에딩턴이야. 신문 기사 봤지? 세계에서 가장 오래된 영국 신문《더 타임스》랑 미국 대표 신문《뉴욕 타임스》에서 내가 1919년에 아인슈타인의 상대성이론을 검증했다는 사실을 알리는 기사를 크게 냈어.

나보다 3년 선배인 알베르트 아인슈타인은 1905년에 특수상대성이론, 1915년에는 일반상대성이론을 발표했어. 그 내용은 태양의 중력장에 의해 빛이 휘어진다는 건데, 아무도 검증하지 못했지. 그래서 나는 아인슈타인 선배와 논의해 개기일식 때 태양 주변의 빛이 정말 휘는지 조사하기로 했어.

박사 학위 없이도 교수가 되었어!

아, 내가 누구길래 인류 최고의 과학자 아인슈타인과 상대성이론 검증을 얘기했냐고? 내 소개가 늦었네. 난 1882년 영국 북서부에 있는 컴브리아주 켄달에서 태어났어. 아버지는 교육자셨는데, 내가 2살 때 돌아가셨지.

난 어릴 때부터 천문학을 좋아했어. 16살 때 맨체스터대학교에 장학금을 받고 입학했으니, 공부 좀 한다는 소리를 들었지. 대학교에서는 물리학을 전공했어. 뭐, 당연히 졸업도 1등으로 했지. 공부를 더 하려고 케임브리지대학교 트리니티 칼리지에 입학했어. 고전역학의 완성자 아이작 뉴턴 알지? 내 선배님이셔.

고전역학은 뉴턴의 3가지 운동 법칙인 관성의 법칙, 운동 방정식, 작용 반작용의 원리에 따라 만든 역학 체계라서 '뉴턴 역학'이라고도 불리지.

난 케임브리지대학교에서 최고로 우수한 학생에게 수여하는 '시니어 랭글러'에 선정되기도 했어. 23살에 석사 학위를 받고, 물리학 연구소인 캐번디시 실험실에서 연구를 했지. 박사 학위를 받지 않고도, 24살이던 1906년에는 영국 왕립 그리니치 천문대의 왕실 천문학자 최고 조수가 되었어.

사진 2. 왕립 그리니치 천문대 남쪽 건물.

그리니치 천문대에서는 별 사진을 찍어서 별들의 움직임을 관찰했지. 이렇게 하면 별의 겉보기 운동을 분석할 수가 있어. 나는 이런 연구를 통해 별들의 움직임을 더 잘 관측하고 분석할 수 있는 새로운 분석 기법을 만들었지.

그러던 어느 날, 진화론으로 유명한 찰스 다윈의 아들이자 천문학자인 조지 다윈 교수가 갑자기 세상을 떠났고, 그 이듬해인 1913년에 내가 그의 뒤를 이어 케임브리지대학교 천문학 교수가 되었어. 내 나이 31살 때였으니, 나 좀 대단하지?

그리고 난 케임브리지대학교의 천문대장이 되었어. 그러고 나서 약 2년 뒤에 아인슈타인이 일반상대성이론을 발표했지. 그러니 천문대장인 나는 개기일식을 관측해야겠다고 생각한 거야. 개기일식은 달이 지구와 태양 사이를 지나면서 태양을 완전히 가리는 걸 말해. 마침 1919년 5월 29일에 개기일식이 일어났으니, 절호의 기회를 놓칠 수는 없었지.

　　나는 개기일식 관측대의 대장으로 서아프리카의 상투메프린시페에 있는 프린시페 섬으로 갔고, 다른 팀은 브라질의 히우그란지두노르치로 보냈어.

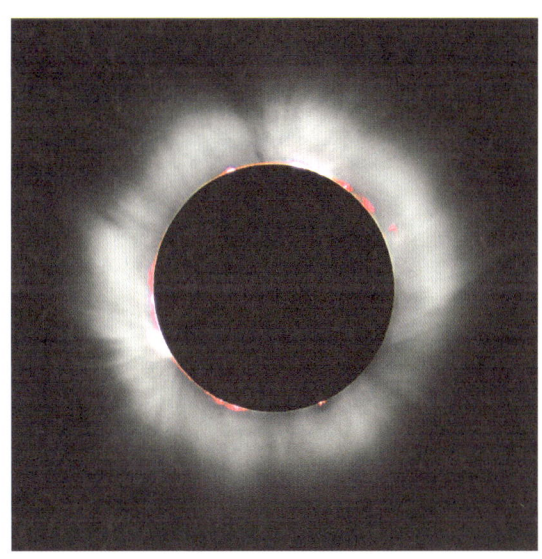

사진 3. 개기일식.

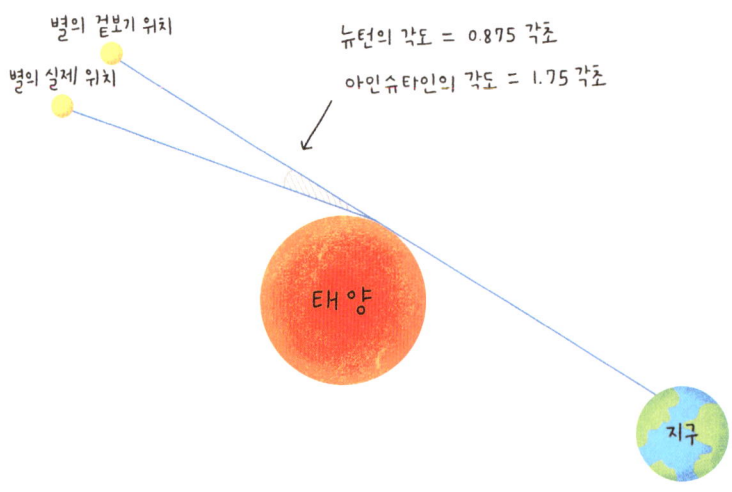

별의 겉보기 위치

별의 실제 위치

뉴턴의 각도 = 0.875 각초

아인슈타인의 각도 = 1.75 각초

태양

지구

빛이 휘는 걸 사진으로 찍었어!

아인슈타인은 이렇게 말했어.

"빛은 중력장에서 휘니까, 태양을 지나는 빛은 휠 거야.

일식이 일어나는 날, 태양을 지나는 별빛을 관측하면

빛이 휘는 걸 관측할 수 있어."

두 군데서 관측해 찍은 일식 사진을 비교하고 분석해 본
뒤, 나는 깜짝 놀랐어. 정말 빛이 휜다는 것을 알 수 있었거

든. 아인슈타인 선배가 세계적인 과학자가 된 것은 당연한 일이야. 그 덕분에 내 이름도 널리 알려지게 되었고 말이야.

아인슈타인 선배는 빛이 휘는 것은 중력 때문에 공간이 휘는 것을 의미한다고 생각했어. 그림으로 나타내면 이런 거야.

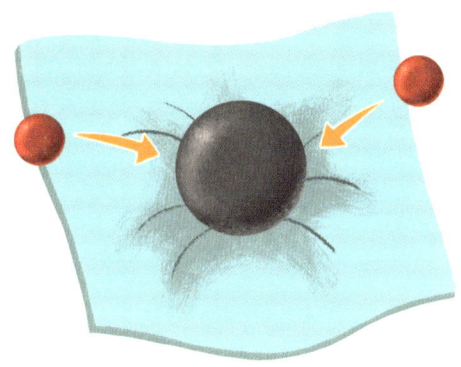

공간이 이렇게 휘어 있으니 작은 공을 지구 주위에 놓으면 지구 쪽으로 끌려가겠지. 사과를 땅으로 떨어지게 만드는 지구의 중력도 공간이 휘어 있어서 그런 거야. 나의 대선배 아이작 뉴턴은 만유인력 즉, 중력을 발견했지만, 그 이유는 설명하지 못했거든. 그래서 신문에서는 "뉴턴주의가 무너졌다"고 표현한 거야.

아인슈타인 선배나 나나, 이 정도면 노벨 물리학상 받을 만하지? 그래서 아인슈타인 선배는 1921년에 노벨 물리학상을 받았어. 나도 같이 받았냐고? 아니. 그리고 아인슈타인 선배도 상대성이론 때문에 상을 받은 건 아니었어. '광전효과'라는 현상을 설명한 공로로 받은 거였지.

난 상대성이론을 검증했지만, 노벨 물리학위원회는 그건 그냥 관측에 지나지 않는다고 본 거야. 노벨 물리학상은 실험 정신을 강조했거든. 개기일식을 관측해서 상대성이론을 검증한 것은 노벨상을 줄 만한 일은 아니라는 거지. 뭐, 노벨상 받으려고 연구한 건 아니니까 상관없어.

별의 일생을 밝혀냈어!

내가 상대성이론만큼 열심히 연구한 분야는, 천문학자답게 별의 온도와 내부 구조였어. 지구에서 가장 가까운 별은 태양이야. 태양은 수소 75퍼센트와 헬륨 23퍼센트로 이루어져 있어. 별을 구성하는 수소와 헬륨은 별 스스로가 끌어당기는 자체 중력을 받게 돼. 이렇게 되면 별을 구성하는 수소와 헬륨이 별의 중심을 향해서 서서히 끌려가게 되고, 별은 서서히 수축하는 거지.

이런 현상을 '중력 수축'이라고 해. 중력 수축이 일어나면 태양과 같은 별들은 크기가 줄어들어야 해. 그런데 실제 태양과 같은 별들은 줄어들지 않아. 난 궁금했지. 그리고 태양과 같은 별들이 수소와 수소가 합쳐져 헬륨이 만들어지는 핵융합반응을 하고 나면 급격히 수축하는 중력붕괴를 거치고, 더 이상 수축하지 않는 작은 별인 백색왜성에 이르게 된다는 사실을 알아낸 거야.

백색왜성은 흰빛을 내는 작은 별이란 의미야. 태양만 한 별이 식고 줄어들어서, 지구만 하게 작아진 별이 백색왜성이지. 지구보다 100만 배나 부피가 큰 태양이 지구만 하게 줄어든 거니까, 백색왜성은 엄청나게 수축한 별이지?

그렇다고 해서 백색왜성이 내부에 있는 수소와 헬륨 같은 물질을 모두 다 내버리고 줄어든 것은 결코 아니야. 내부에 있는 물질은 그대로 놔둔 채 꽉꽉 눌러서 줄어든 것이기 때문에 별의 밀도는 엄청나게 높아. 백색왜성을 구성하는 물질을 한 숟가락 정도 떠서 질량을 재면, 무려 10여 톤에 육박한다고! 이것이 내가 밝혀낸 별의 일생이야.

별에 관한 이런 연구도 검증이 되어야 노벨 물리학상을 받을 수 있는데, 검증이 쉽지 않았어. 2017년이 되어서야 매사추세츠 공과대학교의 명예교수 라이너 바이스, 캘리포니아 공과대학교의 명예교수 킵 손, 캘리포니아대학교 버클리 캠퍼스의 배리 배리시가 이와 비슷한 연구로 노벨 물리학상을 받았지.

"올해의 수상자들은 알베르트 아인슈타인이
이론적으로 예측한 중력파를 검출해 그 존재를
입증하는 데 이바지했습니다."

또 내 제자인 찬드라세카르는 별의 구조와 진화에 관한 연구로 1983년 노벨 물리학상을 받았어. 1882년생인 나는 노벨상과는 인연이 없었던 거지. 그래도 난 어릴 적부터 좋아한 천문학을 평생 연구했으니 참 행복한 사람이지? 사람들이 나를 보고 그러더군. 천문 현상을 설명하는 데 현대 물리학 지식을 잘 적용한, 사실상 최초의 천체물리학자였다고.

'상대성이론을 내 손으로 직접 검증한
것만으로도 내 할 일은 다했다고 생각해!'

5장

우주가 갑자기 '펑',
조지 가모브

✳ 조지 가모브

러시아 출신의 미국 천문학자
1904년 출생, 1968년 사망
별 내부의 핵융합반응 이론, 팽창우주론을 발전시켜 우주 대폭발 이론 주장
랄프 앨퍼, 한스 베테와 함께 알파-베타-감마 이론을 주장
DNA의 구조를 밝히는 데 큰 공헌

George Gamow

1967년 노벨 물리학상 수상자로
한스 베테 교수를 선정합니다.

사진 1. W. H. 브래그 연구소의 단체 사진 속 조지 가모브(오른쪽 맨 끝).

　노벨 물리학상 발표 소식을 듣고, 나는 2년 후배인 한스 베테 교수를 떠올렸어. 19년 전인 1948년, 나, 제자인 랄프 앨퍼, 그리고 한스 베테 교수 이렇게 셋이 논문을 쓴 일이 있었거든. 아, 내가 누구냐고?

　안녕! 난 조지 가모브야. 사람들은 이 논문을 '알파-베타-감마' 논문이라고 부르더군. 앨퍼-베테-가모브라는 이름이 그리스어의 알파-베타-감마를 연상하기 때문이지.

　논문 내용은 '빅뱅'과 관련돼 있어. 빅뱅은 아주 오래전에 우주가 한 점에서 시작했다고 보는 우주 탄생 이론이야. 여기서 '한 점'이란 우리가 생각할 수도 없이 작은 크기를 말하지. 이런 이론이 나중에라도 증명되면 우리는 노벨 물리학상을 받고도 남았을 거야.

하지만 빅뱅 이론은 쉽게 증명되는 것은 아니야. 천문 관측 기술이 더 발전해야 가능한 일이지. 한스 베테 교수는 '태양이 매우 오랜 시간 동안 어떻게 빛과 열을 방출할 수 있는가'에 관해 계속해서 연구했고, 핵융합반응으로 에너지를 생산하고 있다는 것을 밝혀냈어.

핵융합반응은 수소 원자처럼 가벼운 원자들이 서로 결합해서 무거운 원자로 변하는 반응이지. 태양 속에서는 수소 원자 4개가 헬륨 원자 1개로 변하는 핵융합반응이 끊임없이 일어나고 있어.

핵융합에너지

사진 2. 태양과 같은 별에서 지속적으로 일어나는 핵융합반응.

노벨상 수상자보다 빛난 천재 물리학자들

한스 베테 교수는 천문학, 우주과학, 천체물리학에서의 업적으로 노벨 물리학상을 수상한 첫 번째 과학자야. 나도 천체물리학 분야를 연구했지만, 세부적인 주제는 조금 달랐어.

연구를 위해 미국 망명을 택했어!

나는 1904년에 러시아 제국(지금의 우크라이나)에서 태어났어. 부모님이 교사여서 그런지 어학에 관심이 많았지. 난 러시아어는 기본이고, 프랑스어, 독일어, 영어까지 잘했어. 논문이나 책을 쓸 때면 독일어와 러시아어를 사용해서 출판했고, 미국에 온 후부터는 영어를 사용했지.

나는 1923년에 레닌그라드대학교(현재 상트페테르부르크대학교)에 입학해서 이론물리학을 공부했어. 그리고 독일의 괴팅겐대학교로 옮겨 양자 이론을 공부하면서 원자핵을 연구했지. 또 코펜하겐대학교의 이론물리학 연구소, 케임브리지대학교의 캐번디시 연구소에서도 근무했어. 당시 세계 물리학계를 이끌고 주름잡았던 유럽의 대학교와 연구소에서 두루 경험을 쌓았던 거지.

1931년, 나는 28세의 나이로 소련 과학 아카데미 회원으로 선출되었어. 소련은 러시아의 옛날 이름인데, 소련 과학 아카데미는 1925년부터 1991년까지 소련의 최고 과학 기관이었지. 이 나이에 과학 아카데미 회원이 된다는 것은 상당히 영예로운 일이야. 나는 레닌그라드의 라듐 연구소에서 근무했고, 유럽 최초의 사이클로트론을 설계하는 데 참여하며 연구했지. 사이클로트론은 전기와 자기를 이용해서 입자를 직선이 아닌 나선 모양으로 가속하는 입자 가속기를 말해.

그런데 나는 늘 연구를 하면서도 마음이 편치 않았어. 정치에 휘둘리지 않고 연구만 하고 싶었는데, 정부는 이를 용납하지 않았지. 갈수록 심해지는 억압을 견디지 못하고, 나는 조국을 떠나 다른 나라로 떠나야겠다고 결심했어.

몇 번의 실패 끝에 마침내 아주 좋은 기회가 왔어. 1933년 벨기에의 도시 브뤼셀에서 제7회 솔베이 회의가 열린 거야.

난 이 회의에 참석한 후에 서유럽 국가나 미국으로 가는 계획을 세웠지. 아내와 함께 회의에 참석할 수 있는 허가를 받아 냈어. 회의가 끝난 뒤 마리 퀴리와 다른 물리학자들의 도움으로 브뤼셀에 좀 더 머물다가, 프랑스와 영국을 거쳐 드디어 1934년 미국에 도착했지. 참, 알고 있지? 마리 퀴리

사진 3. 1933년 브뤼셀에서 열린 제7회 솔베이 회의에 참석한
조지 가모브(뒷줄 중앙에서 왼쪽을 바라보고 있는 인물).

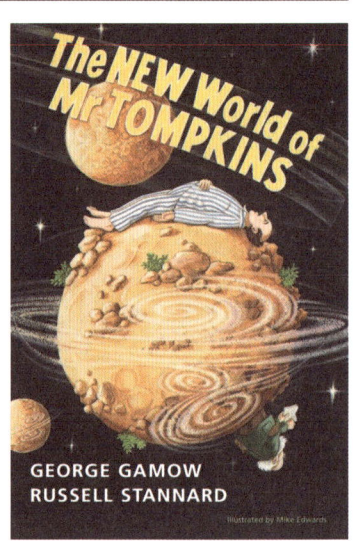

사진 4. 조지 가모브가 쉽게 쓴 유명한 물리학 책 『물리열차를 타다』의 표지(케임브리지대학교 출판부).

는 여성 최초로 노벨상을 받은 화학자이자 물리학자야.

미국으로 거처를 옮긴 후 나는 마음 편히 연구할 수 있었어. 1934년에는 조지워싱턴대학교의 교수가 되었고, 1954년까지 근무했지. 이후에는 캘리포니아 버클리대학교에서 잠깐 근무하다가 1956년부터 남은 인생을 콜로라도대학교에서 교수로 지냈어.

노벨상 수상자보다 빛난 천재 물리학자들

콜로라도대학교에 있으면서 천체물리학 연구 외에도 책을 쓰는 데 많은 시간을 투자했어. 더 많은 사람에게 과학을 알리기 위해서 학생들을 위한 과학 교과서와 대중을 위한 교양 과학서를 썼지.

'빅뱅' 생각만 해도 신기하지 않아?

미국에 정착한 나는 자유로운 분위기에서 빅뱅 이론을 연구하기 시작했어. 내가 빅뱅을 상상할 수 있었던 건 레닌그라드대학교에서 만난 알렉산드르 프리드만과의 깊은 인연 덕분이야.

나는 그에게서 이론물리학을 배웠어. 프리드만은 아인슈타인의 일반상대성이론을 적용해서 우주 팽창 방정식을 계산한 물리학자야. 스승과 함께 물리학과 천문학을 접목해 연구하다 보니, 우주가 어느 날 갑자기 '펑' 하고 폭발하면서 시작된 것 같았지. 나는 이것을 '빅뱅 이론'이라고 불렀어.

빅뱅 이론이 물리학자와 천체물리학자 들의 지지를 얻으려면 원자가 탄생할 수 있는 근거부터 찾아야 했어.

나는 물리학의 주요한 원리인 열역학 원리와 핵물리학 이
론을 동원해서 원자의 탄생 과정을 차근차근 그려 나갔어.
빅뱅 0.1초 후의 우주 상태는 어땠고, 1초 후, 1분 후, 2분
후, 3분 후에는 또 어떻게 변했는지 말이야. 이런 과정에서
발표한 논문이 바로 '알파-베타-감마' 논문이야.

그 결과 빅뱅으로 우주가 탄생했을 즈음에 존재했던 헬
륨이 어떤 과정을 거쳐서 생성되었는지를 완벽하게 풀어낼
수가 있었어. 빅뱅이 일어났을 즈음의 우주 공간에 존재하
는 수소와 헬륨의 비율이 10대 1가량 된다는 사실까지 계산
해 냈지. 이런 내용을 실험으로 증명하면 노벨 물리학상을
받을 수 있었어!

하지만 60세를 넘기고부터 건강이 나빠졌어. 당뇨병도
생기고, 간에도 문제가 많았지. 아내가 정성껏 간호했지만,
1968년 8월, 64세의 나이로 지구에서의 삶을 마감했어. 안
타깝지만 노벨 물리학상의 꿈도 함께 사라졌지.

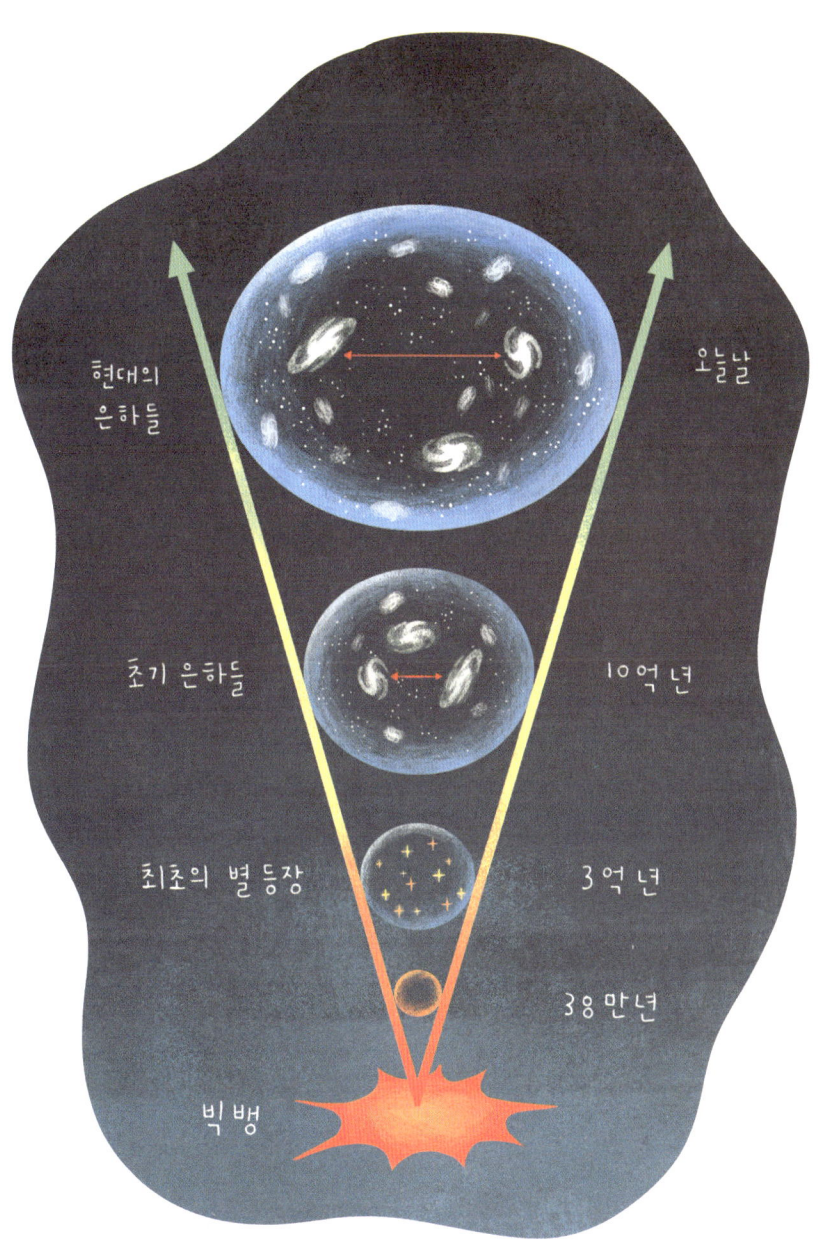

현대의
은하들

오늘날

초기 은하들

10억 년

최초의 별 등장

3억 년

3십만 년

빅뱅

우주에도 '빅뱅', 물리학에도 '빅뱅'!

빅뱅 이론이 실험으로 검증될 때까지 살지는 못했지만, 나로 인해 물리학에도 빅뱅이 일어났어. 예전 과학자들은 우주가 영원히 변하지 않아서, 시작과 끝이 없다고 생각했어. 이런 생각을 '정상 우주론'이라고 해.

나는 여기에 의문을 품었어. 나는 과거 어느 시점에서 우주가 엄청나게 높은 에너지 상태에 있다가 한순간 팽창하면서 시작되었다고 생각한 거야. 이것이 빅뱅인 거지.

또 빅뱅으로 인해 엄청난 에너지가 우주로 방출되면서 생긴 열이 우주 전체에 퍼졌을 것으로 생각했고, 이 에너지에 '우주 배경 복사'라는 이름을 붙였어. 그리고 1964년 미국 벨 연구소의 아노 펜지어스와 로버트 윌슨이 전파망원경의 안테나를 연구하는 과정에서 우주에서 오는 신호를 포착했지. 참, 미국 벨 연구소는 전화기를 발명한 그레이엄 벨의 이름을 따 1925년에 만들어진 곳이야.

오랜 분석 끝에, 이것이 우주 배경 복사라는 것을 확인했지. 이 둘은 1978년 노벨 물리학상을 받았어. 내가 살아 있었다면 나도 함께 받았을 거야.

이뿐만이 아니야. 내가 처음으로 주장한 '빅뱅' 이론을 발

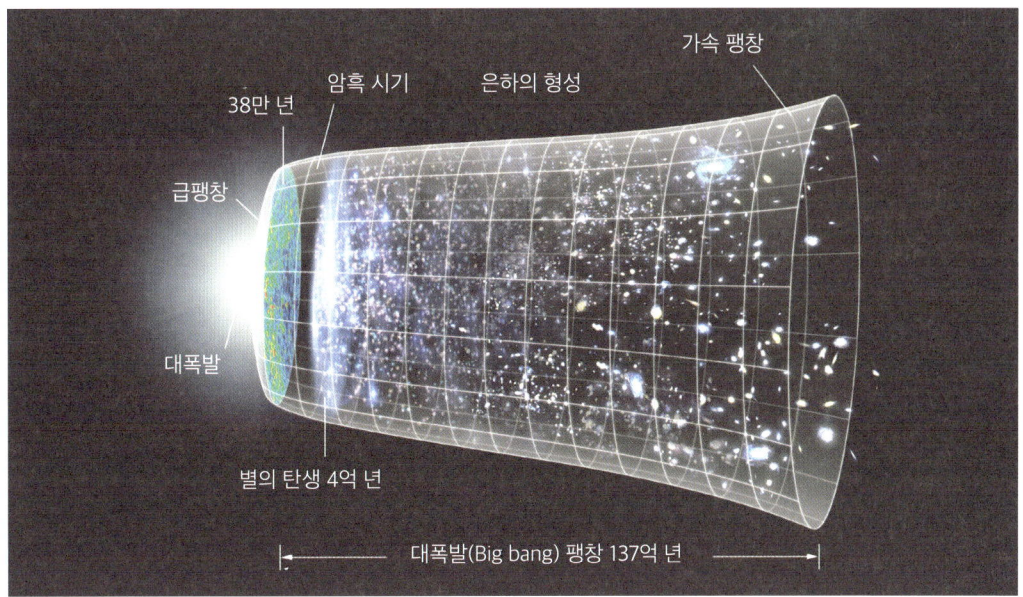

사진 5. 우주 배경 복사.

전시킨 연구로, 1974년, 1980년, 1983년, 2011년, 2019년, 2020년 천체물리학 분야에서 노벨 물리학상이 나왔어. 한 마디로 물리학에도 빅뱅이 일어난 거야!

"우주가 맨 처음 '펑!' 하고 생겨났다는 거예요?"

1949년, 정상우주론을 지지했던 물리학자 프레드 호일이 라디오 토크쇼에 출연해서 이렇게 조롱하듯 말했지. 그런데 듣고 보니 '빅뱅'이라는 말이 와닿더라고. 그때부터 '빅뱅'이라는 말을 쓰게 됐어. 호일도 나중에, 조롱이 아니라 '팽창우주'를 쉽게 설명하려고 했던 말이라고 해명했지.

이유야 어쨌든, 빅뱅은 많은 물리학자에게 영감을 주었어. 아마도 후배들은 이렇게 말하겠지?

"우주 탄생의 신비를 밝힌 건 조지 가모브,
바로 당신입니다."

6장

'빅뱅'의 작명가

프레드 호일

* **프레드 호일**

영국의 천문학자이자 이론물리학자

1915년 출생, 2001년 사망

정상우주론을 주장하며 빅뱅 우주론과 진화론에 비판적이었지만, 역설적으로 '빅뱅'이라는
이름을 지어 준 인물

삼중 알파 과정을 통해 헬륨이 탄소로 변하는 핵융합반응을 처음으로 설명

Fred Hoyle

"

난 윌리엄 파울러야. 후배이자 동료인 프레드 호일과 함께
우주의 원소가 생성되는 핵융합반응을 연구해 논문을 썼지.
그래서 나는 1983년에 노벨 물리학상을 받았는데,
호일은 받지 못했어. 너무 괴로웠지.
호일이 없었다면 이런 상은 받지 못했을 거야.

"

사진 1. 1967년, 프레드 호일.

'파울러 형님! 너무 괴로워하지 마세요.

전 노벨상에 관심 없어요.'

안녕! 나는 파울러 형님이
얘기한 프레드 호일이야. 노
벨상 못 받은 게 뭐 그리 중요
한 일이야?

난 하고 싶은 연구를 마음
껏 하는 게 더 좋아!

사진 2. 케임브리지대학교 천문학 연구
소에 있는 프레드 호일의 동상.

수학을 전공하다가 천체물리학으로 바꿨어!

난 1915년 영국 웨스트요크서주 빙글리에서 태어났어. 부모님은 모두 음악가였지. 그래서 나도 어릴 적에 교회 합창단에서 노래를 부르곤 했어.

어릴 때부터 천재라는 소리도 많이 들었어. 좋은 성적으로 케임브리지대학교에 합격했고, 수학을 전공했지. 대학

폴 디랙의 반물질

전자(물질)

양전자(반물질)

양성자(물질)

반양성자(반물질)

수소(물질)

반수소(반물질)

물질의 반대 성질을 가진 입자를 '반입자'라고 부르며, 반입자로 이루어진 물질을 '반물질'이라고 해요.
수소라는 물질은 양성자와 전자로 이루어져 있어요. 수소의 반물질인 '반수소'는 '반양성자'와 '반전자'로 되어 있는데, 반전자는 특히 '양전자'라고 불려요.

원에 들어갈 때는 천재 이론물리학자인 폴 디랙 교수에게 양자역학을 배우고 싶었어. 디랙 교수는 아인슈타인처럼 널리 알려지진 않았지만, 많은 물리학자가 존경하는 인물이었지.

디랙 교수는 양자역학과 상대성이론을 융합한 방정식을 만들었고, 반물질의 존재를 예측했어. 1933년에 노벨 물리학상을 수상했고, 뉴턴이 오랫동안 지킨 케임브리지대학교의 루커스 석좌 교수직을 이어받은 인물이기도 했지.

"디랙 교수님, 저를 제자로 받아주십시오.
양자역학을 연구하고 싶습니다!"
"양자역학의 황금기는 지난 것 같네. 그러니 자네도
다른 분야를 찾아보는 게 좋겠네."

과묵하고 수줍음을 잘 타는 성격의 디랙 교수는 제자를 두는 것을 꺼렸어. 그래서 나는 독일에서 태어나 영국으로 이민을 온 루돌프 파이얼스 교수의 제자가 되었어. 전공도 천체물리학으로 바꿨고 말이야. 아, 제자가 되지는 못했지만 디랙 교수님께도 많은 가르침을 받았어.

훗날 얘기지만, 스티븐 호킹이 나를 찾아온 적이 있어. 호킹이 박사 후 연구원으로 일할 때였는데, 나에게 제자로 받아 달라고 부탁했지.

그때 호킹은 '빅뱅 이론'에 관심이 많았어. 나와는 생각이 달랐지.

"나는 자네가 내 이론을 비판할 사람이라고 생각하네."

우주가 '펑' 하고 시작됐다는 게 말이 돼?

사실 나는 오스트리아 출신 헤르만 본디, 토머스 골드와 함께 정상우주론을 연구해 발표했어.

너희들은 우주가 어느날 '펑!(Big Bang!)' 하고 시작됐다는 게 믿어져? 빅뱅 이론에 맞서는 정상우주론은 '우주는 영원하고 변하지 않으며, 우주에 있는 은하들이 멀어져 가면 비워지는 공간을 채우기 위해서 새로운 물질이 계속 공급되어야 한다'고 보는 우주론이야. 바로 내가 주장한 우주론이지.

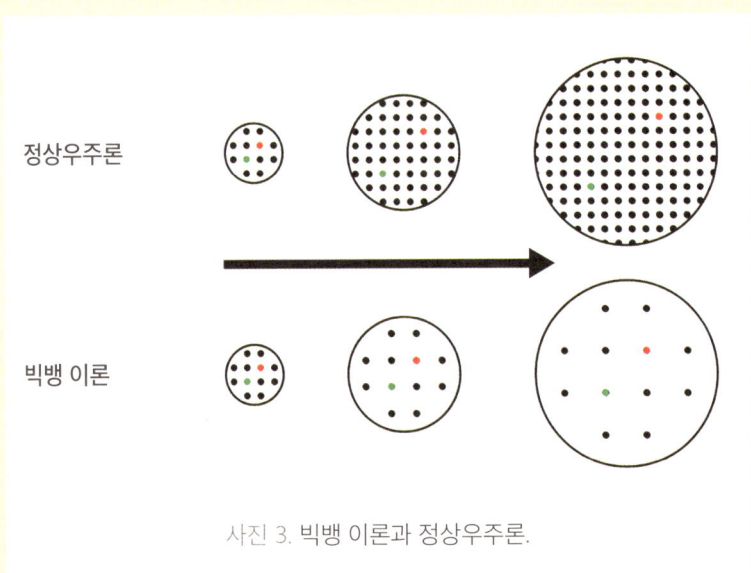

빅뱅 이론과 정상우주론

정상우주론

빅뱅 이론

사진 3. 빅뱅 이론과 정상우주론.

정상우주론은 '우주는 영원히 존재하며, 우주가 팽창함에 따라 새로운 물질이 일정하게 생성된다'고 생각해요(밀도 변화 없음). 반면 빅뱅 이론은 '우주가 약 138억 년 전에 대폭발로 시작됐고, 계속 팽창하고 있으며(밀도 감소), 팽창 속도도 빨라진다'고 생각해요.

그런데 더 재밌는 게 뭔지 알아? '빅뱅'이라는 단어를 탄생시킨 건 가모브 교수가 아니라 바로 나라는 사실이야! 1949년에 영국 BBC 라디오 방송에 출연해서 내 생각을 말한 적이 있어.

"어느 날 우주가 '펑!(Big Bang!)' 하고
생겨났다는 거예요?"

그랬더니 가모브 교수가 자기 이론의 이름을 '빅뱅 이론'이라고 지었다는 거야. 뭐, 쩨쩨하게 내 덕분이라고 할 수는 없잖아?

별 내부에서 일어나는 일이 궁금했어!

나는 미국의 많은 천문학자와 교류하며 연구했어. 그때 이런 생각이 들었지.

'별과 관련된 연구를 열심히 하면,
내 이름을 전 세계에 알릴 수 있겠구나.'

그렇게 별 내부에서 일어나는 핵융합반응으로 원소들이 탄생한다는 것을 입증하기 위해 열심히 연구했고, 별 내부에서 원자가 생성된다는 걸 확신할 수 있었지.

나는 별 내부에서 가벼운 원자핵이 융합해 무거운 원자

핵이 만들어진다고 생각했어. 그래서 삼중 알파 충돌, 탄소-질소-산소 순환, 탄소 핵융합, 네온 알파 과정, 산소 핵융합, 규소 알파 과정 같은 다양한 핵융합반응을 연구했지. 그러자 헬륨보다 무거운 원자들이 별 내부에서 합성될 수 있다는 결과가 나왔어.

바로 이 연구를, 처음에 얘기했던 윌리엄 파울러와 공동으로 한 거야. 당시 캘리포니아 공과대학 교수였던 파울러는 1957년에 '별 내부에서의 원소 합성'이라는 제목으로 이 내용을 발표했어. 별 내부에서 이루어지는 여러 가지 핵융합반응을 통해 수소부터 우라늄에 이르는 모든 원소의 탄생 과정을 알기 쉽게 설명했지. 정말 별을 연구해서 내 이름을 알린 거야!

별도 탄생하고 죽는다는 거 알지? 별은 은하에 있는 가스와 먼지구름에서 탄생하는데, 별과 별 사이의 공간에 떠 있는 극히 희박한 물질인 성간물질이 응축되고 압축되면서 만들어져.

압축 과정에서 에너지가 생기고 별의 온도가 점점 높아지면, 별 내부에서 핵융합반응이 일어날 정도가 돼. 이 과정에서 수소가 소모되고 헬륨이 만들어지지. 그러면 헬륨을 만

삼중 알파 충돌 과정

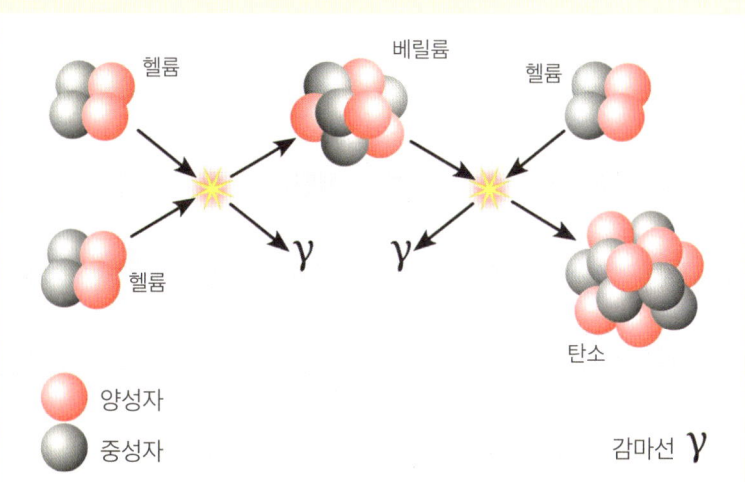

사진 4. 삼중 알파 충돌 과정.

2개의 헬륨 원자핵이 융합해 베릴륨이 되고, 베릴륨 원자핵과 헬륨 원자핵이 융합해 탄소 원자핵이 돼요. 핵융합할 때는 모든 과정에서 '감마선'이라는 빛이 나와요. 헬륨 원자핵을 '알파 입자'라고도 해요. 그래서 이런 과정을 '삼중 알파 충돌 과정'이라고 불러요.

드는 과정에서 방출된 에너지가 다시 별의 온도를 높이고, 내부 압력도 높아지면서 중력에 의해 압축이 일어나는 거야.

별 내부에서 수소가 소모되면 다른 형태의 핵융합반응이 일어나는데, 이 핵융합반응으로 헬륨보다 무거운 원소들이 생겨나지. 이런 과정을 거치며 별은 무거운 원소를 만들어

별 내부에서 만들어지는 원소

태양과 같은 별의 내부에서는 끊임없이 수소 핵융합반응이 일어나요. 4개의 수소가 융합해 헬륨이 되는 반응이에요. 수소는 원자번호 1번이고, 헬륨은 2번으로 가벼운 원소예요. 수소는 지구에 흔히 존재하지만, 헬륨은 매우 드물어요. 1868년 초에도 헬륨이 발견되지 않아 멘델레예프가 주기율표를 만들 때 2번 자리는 비어 있었어요. 1868년 8월에야 비로소 태양을 관측하다가 발견했어요. 그래서 이름도 태양을 뜻하는 그리스어인 '헬리오스'에서 딴 헬륨이 되었답니다.

사진 5. 형성 초기 단계의 젊은 별들.

내고, 핵융합반응에 필요한 연료가 고갈되면 별은 붕괴를
시작해. 파울러 선배와 나는 별의 일생을 알아낸 거야!

파울러 선배가 노벨 물리학상을 받았다고 해서 나도 받
아야 하는 건 아니라고 생각해. 그리고 난 정상우주론에 대
한 내 생각도 바꾸고 싶지 않았어. '빅뱅 이론'의 증거가 발
견돼 정상우주론은 폐기되었지만, 난 고집스럽게 내 주장을
지켰지. 이런 문제로 노벨 위원회와 심하게 논쟁하기도 했

으니, 아마도 선정 위원들은 속으로 이렇게 생각했을 거야.

'맞지도 않는 정상우주론을 고집하고
성격까지 괴팍하니, 노벨 물리학상은 좀······.'

나도 인정해. 그래도 별을 연구해 전 세계에 내 이름을 알렸고, 그 유명한 케임브리지대학교 천문학 연구소 앞에 내 전신 동상이 서 있는 것만으로도 행복해. 내 후배들이 나를 보고 진리에 대한 탐구 정신과 학문에 대한 열정을 배울 수 있다면, 노벨 물리학상보다 더 큰 선물이지.

난 늘 과학자에게 가장 중요한 건 창의성이라고 강조했어. 사람들이 왜 사사건건 기존 학설에 도전하느냐고 물을 때면 이렇게 대답했지.

"옳지만 지루한 것보다,
틀렸어도 흥미로운 게 낫다!"

맥박치듯 깜빡이는 펄서,

조셀린 벨

* **조셀린 벨**

북아일랜드에서 태어난 영국의 천체물리학자
1943년 출생
대학원생 때 최초로 '펄서' 발견
2002~2004년 왕립천문학회 회장
2018년 브레이크스루상 물리학 분야 수상

Jocelyn Bell Burnell

" 앤서니 휴이시 교수와 마틴 라일 교수를
1974년 노벨 물리학상 수상자로 선정합니다. "

사진 1. 파리에서 열린 '2009 세계 천문의 해'에 참석한 조셀린 벨.

'어라? 왜 내 이름이 없지? 정작 중요한 발견은
내가 했는데……. 내가 아직 대학원생이고, 여자라서?
아니면 논문의 두 번째 저자라서 그런가?
펄서를 너무 일찍 발견했나 봐!'

내가 누구냐고? 펄서는 또 뭐냐고?

안녕! 나는 조셀린 벨이라고 해. 결혼하면서 '버넬'이라는
성을 얻어 조셀린 벨 버넬이 되었지만, 지금부터는 그냥 벨
이라고 불러 줘. 나는 천체물리학자이고, 대학원에서 공부
할 때 '펄서'라는 중성자별을 발견했어.

아버지의 취미가 내 직업이 되었어!

나는 1943년 북아일랜드에서 태어났어. 아버지는 천문학에 취미가 있는 건축가였지. 그래서 어릴 적부터 아버지를 따라 여러 천문대를 방문했고, 별과 인연을 맺었어.

어렸을 때 벨파스트 루간이라는 지역에서 살았는데, 이 지역에서 여학생들은 요리와 뜨개질 같은 수업만 들을 수 있고, 과학 수업은 들을 수가 없었어. 그래서 부모님은 나를 잉글랜드 노스요크셔 주 요크라는 도시에 있는 학교에 보냈고, 이곳에서 과학 수업을 들을 수가 있었어. 과학을 좋아하는 나를 위해 이렇게 먼 데까지 보내 주신 우리 부모님도 참 대단하지?

나는 과학이 정말 좋았어. 성적도 좋았고. 훗날 누군가 그때 일을 묻길래, 기억에 남는 물리 선생님의 말씀을 들려줬지.

"잡다하게 이것저것 알 필요 없어요. 기본적인 원리를
정확히 이해하는 것이 중요해요. 그리고 그것을
필요한 곳에 적용하는 일 또한 중요하죠."

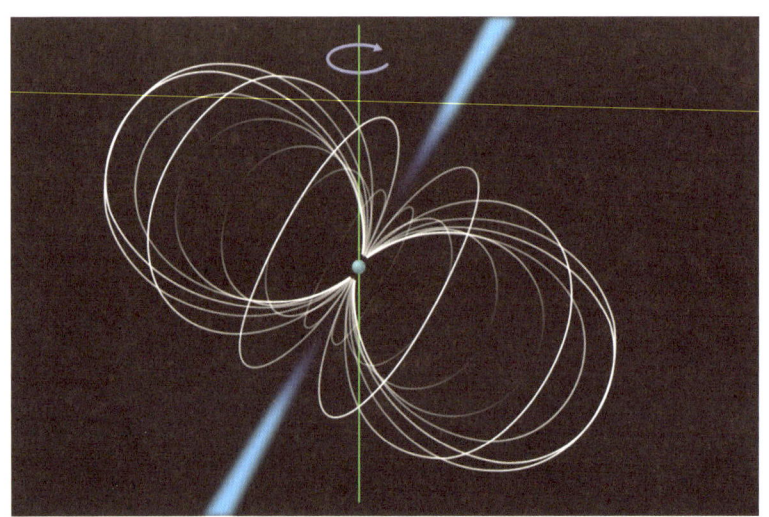

사진 2. 중간에 있는 구는 중성자별, 흰색 곡선은 자기력선, 푸른색 광선은 전자기파를 내뿜는 펄서의 모습.

이렇게 과학을 공부한 후 나는 1965년 북아일랜드에 있는 글래스고대학교 물리학과를 우수한 성적으로 졸업했어. 곧바로 케임브리지대학교 대학원에 입학해서 지도교수인 앤서니 휴이시 교수에게 전파천문학을 배웠지.

나는 전파망원경 제작에 참여했고, 우주에서 날아오는 전파를 관측하면서 데이터를 분석했어. 그리고 1967년 8월, 펄서, 즉 중성자별을 발견한 거야.

내가 발견한 펄서의 증거 자료들은 지금도 케임브리지대학교 도서관에 전시되어 있어. 난 1969년 케임브리지 대

학교에서 박사 학위를 받았고, 1973년까지 영국의 사우샘
프턴대학교에서 연구했어. 어렸을 적 아버지를 따라 천문대
에 다니면서 천문학자를 꿈꿔왔는데 그 꿈을 이룬 거야.

사진 3. 게성운(게 모양의 성운)과 게 펄서 복합체.

중성자별이 보낸 맥박에 내 맥박도 뛰었어!

케임브리지대학교에서 박사 과정을 공부하던 나는, 굉장히 빠르고 강력하게 깜빡이는 전파가 우주 어딘가에서 날아온다고 생각했어. 그런데 이걸 연구하려면 거대한 전파망원경이 필요했지.

나는 지도교수인 앤서니 휴이시 교수의 도움을 받으며 전파망원경을 설계하고 제작했어. 테니스 경기장 60여 개를 만들 만큼 넓은 땅에 1,000개가 넘는 기둥을 세우고, 2,000개 이상의 안테나를 전선으로 연결했지. 전선 길이만 해도 200킬로미터는 됐을 거야. 1967년 7월, 드디어 전파망원경이 완성됐어.

전파망원경은 우주에서 오는 다양한 전파를 잡아내. 총책임은 휴이시 교수였지만, 관측 자료를 기록하고 분석하는 것은 온전히 내 몫이었어. 요즘 같으면 컴퓨터로 했겠지만, 그때는 일일이 손과 머리를 써야 했지.

그러던 어느 날이었어. 평소와 달리 기록지에 찍힌 특이한 흔적을 발견했지. 나는 이걸 '스크럽'이라 불렀어.

처음에는 이걸 어떻게 해석해야 할지 난감해서 차근차근 기억을 더듬어 보았지. 전에도 비슷한 흔적을 본 것 같은 생

노벨상 수상자보다 빛난 천재 물리학자들

사진 4. 호주 뉴사우스웨일즈 파크스 천문대에 있는 전파망원경.

각이 들었기 때문이야. 그래서 기록지를 찾아보았더니 똑같은 스크럽이 있었어! 스크럽이 발생한 시간과 장소를 보니 같은 시각, 같은 위치에서 전파가 방사된 거였어. 난 맥박이 점점 빨리 뛰는 걸 느꼈고, 이 사실을 휴이시 교수님께 보고했지. 그러자 교수님은 이렇게 말씀하셨어.

"망원경에 문제가 있을지도 모르니, 좀 더 자세하게
관찰한 후, 데이터를 쌓아서 다시 논의해 보세."

1967년 11월 말이었어. 특이하게 깜빡이는 전파가 기록지에 나타났지. 그 깜빡임은 펄스 형태처럼 기록지에 그려졌어. 펄스는 짧은 주기, 일정한 시간 간격으로 발사되는 전파를 말해.

내가 발견한 펄스의 시간 간격은 1.33초였어. 특이 전파는 1.3초의 규칙적인 간격으로 이상 신호를 내보내고 있었지. 휴이시 연구팀은 처음엔 이것이 외계에 있는 지적 생명체가 보내는 것이라 믿고, 그 외계 지적 생명체를 '작은 녹색 인간'이라 불렀어.

나는 이 펄스를 확인하고 검증하는 작업에 들어갔지. 그

결과 이것은, 외계 지적 생명체가 아니라 미지의 천체에서 나오는 것으로 밝혀졌어. 이 미지의 천체가 바로 빠르게 회전하는 중성자별인 펄서였던 거야.

나는 1974~1982년에는 런던대학교, 1982~1991년에는 영국 에든버러에 있는 왕립천문대에서 근무하며 연구를 계속했어. 1986~1991년에는 하와이 마우나케아 천문대의 제임스 클러크 맥스웰 망원경 프로젝트에 참여했고, 1991~2001년에는 영국의 오픈대학교에서 물리학 교수로 재직했지.

이후로도 영국 왕립천문학회 회장, 옥스퍼드대학교 천체물리학과 객원 교수 등으로 일하며 끊임없이 연구에 매달렸어. 그리고 2018년, 펄서를 발견한 공로로 '브레이크스루상'을 수상했지. 노벨 물리학상 상금의 3배 정도 되는 300만 달러를 상금으로 받았어. 나는 이 상금을 기부하기로 했지.

"제가 기부하는 이 상금이 소외된 여성과 소수 민족,
난민 학생들이 물리학을 공부하는 데
조금이나마 도움이 되었으면 합니다."

나는 더 많은 여성이 과학 경력을 쌓을 수 있도록 돕고 싶었어. 과학 분야에서 경력을 쌓는 많은 여성이 지속적으로 성장할 수 있도록 아낌없이 지원하고 싶었지.

나는 전파망원경을 제작하고, 전파를 관측하고, 자료를 수집하고 분석해 펄서를 발견했지만, 노벨 물리학상을 수상하진 못했어. 하지만 천문학자로서 성공적인 길을 걸었고, 여러 권위 있는 상들을 받았지. 그리고 휴이시 교수도 받지 못한 기사 작위까지 받았으니 이만하면 됐지?

사람들은 휴이시 교수가 내 노벨 물리학상을 가로챘다고 수군대지만, 노벨상이 뭐 대단한가? 사람들이 이렇게 말해주는 게 나는 더 좋아.

<blockquote>
"펄서의 최초 발견자는 조셀린 벨 버넬,
당신입니다!"
</blockquote>

8장

블랙홀이라는 이름을 지은

존 휠러

* **존 휠러**

미국의 이론물리학자

1911년 출생, 2008년 사망

닐스 보어와 함께 핵분열의 기본 원리 설명

브라이트-휠러 프로세스, 휠러-디윗 방정식 개념을 개발

제2차 세계대전 당시 맨해튼 프로젝트 원자로 설계를 도움

John Archibald Wheeler

"

안녕! 난 리처드 파인만이야.
『파인만 씨, 농담도 잘 하시네』라는 책으로도 유명하지.
난 프린스턴대학교에서 박사 학위를 받았는데,
나를 가르쳐 주신 분이 존 휠러 교수님이야.
휠러 교수님 덕분에 1965년에 노벨 물리학상을 받았다고!

"

사진 1. 존 휠러.

안녕! 나는 방금 리처드 파인만 군이 얘기한 존 휠러야. 파인만은 정말 똑똑하고 농담도 잘하는 유쾌한 제자였어. 파인만과 나는 미국의 원자폭탄 개발 계획인 '맨해튼 프로 젝트'와 수소폭탄 개발 계획인 '매터혼 프로젝트'에 모두 참 여한 특별한 인연이 있어.

사진 2. 1963년, 덴마크 닐스 보어 연구소에서 여러 물리학자와 함께(사진 3번 째 줄, 오른쪽에서 3번째가 존 휠러).

22살에 박사가 되었어!

난 1911년 미국 플로리다에서 태어났어. 부모님이 도서관 사서여서 어릴 적부터 책과 가까이 지냈지. 특히 과학책이 재미있더라고. 천재 소리를 듣고 자랐고, 장학금을 받고 존스홉킨스대학교에 입학해서 1933년에 박사 학위를 땄지. 22살에 박사면 대단하지?

난 박사 후 연구 과정으로 덴마크 코펜하겐 연구소에서 양자론을 연구했어, 그때 나를 지도해 준 분이 닐스 보어였어. 1922년에 노벨 물리학상을 받은 닐스 보어가 나에게 이런 말을 했지.

"독일이 하이젠베르크 같은 유능한 젊은 물리학자들과
핵분열 현상을 깊이 연구한다고 하네."

이 얘기는 독일이 핵분열 현상을 이용해 핵무기를 만들수도 있다는 뜻이야. 이때가 제2차 세계대전이 일어나기 4~5년 전이었거든. 나는 덴마크에서 연구 생활을 마치고 1938년 프린스턴대학교 물리학과 교수가 되었어. 그리고 파인만 군이 내 제자가 되었지.

파인만도 나처럼 똑똑했어. 1942년에 파인만 군에게 박사 학위를 줬는데, 그때 나이가 24살이었지. 뭐, 나보다는 많은 나이에 받은 셈이지만.

제2차 세계대전이 일어났고, 미국은 독일보다 먼저 원자폭탄을 만들기 위해 맨해튼 프로젝트를 시작했어. 나랑 파인만도 이 프로젝트에 참여했지. 전쟁이 끝나고 1951년쯤 시작된 수소폭탄 개발 계획에도 함께했어.

원자폭탄이나 수소폭탄은 우리가 연구하고 있는 핵반응과 관련 있는데, 핵반응이란 핵분열과 핵융합을 말해. 무거운 원자핵이 둘로 갈라지는 핵분열을 이용하면 원자폭탄을 만들 수 있고, 가벼운 원자핵이 합쳐지는 핵융합을 이용하면 수소폭탄을 만들 수 있어.

나는 닐스 보어와 함께 핵분열반응을 연쇄적으로 일으키는 방법을 연구했어. 보어는 맨해튼 프로젝트에 직접적으로 참여한 건 아니고, 자문을 해 주려

사진 3. 닐스 보어(오른쪽)와 하이젠베르크. 하이젠베르크는 1932년에 노벨 물리학상을 받았다.

노벨상 수상자보다 빛난 천재 물리학자들

고 미국을 방문 중이었지.

내가 맨해튼 프로젝트에 참여한 데는 다른 목적이 있었어. 그때 내 동생이 유럽 전투에 참여하고 있었거든. 나는 하루라도 빨리 원자폭탄을 개발해서 동생을 구하고 싶었어. 그래서 정말 열심히 연구했지. 하지만 동생은 원자폭탄이 개발되기 전에 전사하고 말았어. 내가 좀 더 일찍 원자폭탄을 개발했더라면……. 지금도 동생에게 너무 미안해.

전쟁은 끝났고, 나는 양자론과 블랙홀 등을 연구했어. 프린스턴대학교에 우주선 연구소를 설립해 연구소장이 되었지. 아, 내가 연구한 우주선은 로켓이나 우주 비행체가 아니라 우주에서 오는 전자기파를 말해.

블랙홀이란 이름, 내가 지은 거야!

나는 핵반응을 연구하면서 얻은 아이디어를 천체 즉, 별에도 적용해 보기로 했어. 그리고 질량이 아주 큰 별은 중력 수축을 해서 하나의 점이 될 수 있다는 결론을 얻었지.

무한히 큰 밀도를 갖는 이 천체를 처음에는 '얼어붙은 별' 또는 '완벽하게 수축한 별'이라고 불렀어. 이런 천체는 중력이 너무 강해서 빛조차 빨려 들어가면 다시는 빠져나올 수가 없어. 내가 발견했지만 믿어야 할지 말아야 할지 어리둥절했지. 그러다가 1967년, 이 천체에 '블랙홀'이라는 이름을 붙였어.

스티븐 호킹이 블랙홀 연구로 유명한 거 알지? 블랙홀 안에서는 우리가 알고 있는 물리 법칙이 적용되지 않아. 더 나아가 나는 이런 생각도 했어.

"이와 같은 전체 2개를 연결하면, 우주의 시공간을
이어 주는 터널을 만들 수 있지 않을까?
이것을 웜홀이라 부르자!"

나는 블랙홀이 지구에서 수만 광년 떨어진 우주 공간에만 존재하는 것이 아니라고 생각했어. 그래서 우리가 살고 있는 주변에서도 얼마든지 아주 작은 크기 즉, '미니 블랙홀'이 존재할 수 있다는 결론을 내렸지. 우리가 사는 공간에서 일어나는 몹시 작은 현상을 들여다보면, 거기에는 작은 블랙홀들과 웜홀들이 부글부글 생겨나고 있다는 거지! 나는 이것을 '양자 거품'이라고 불렀어.

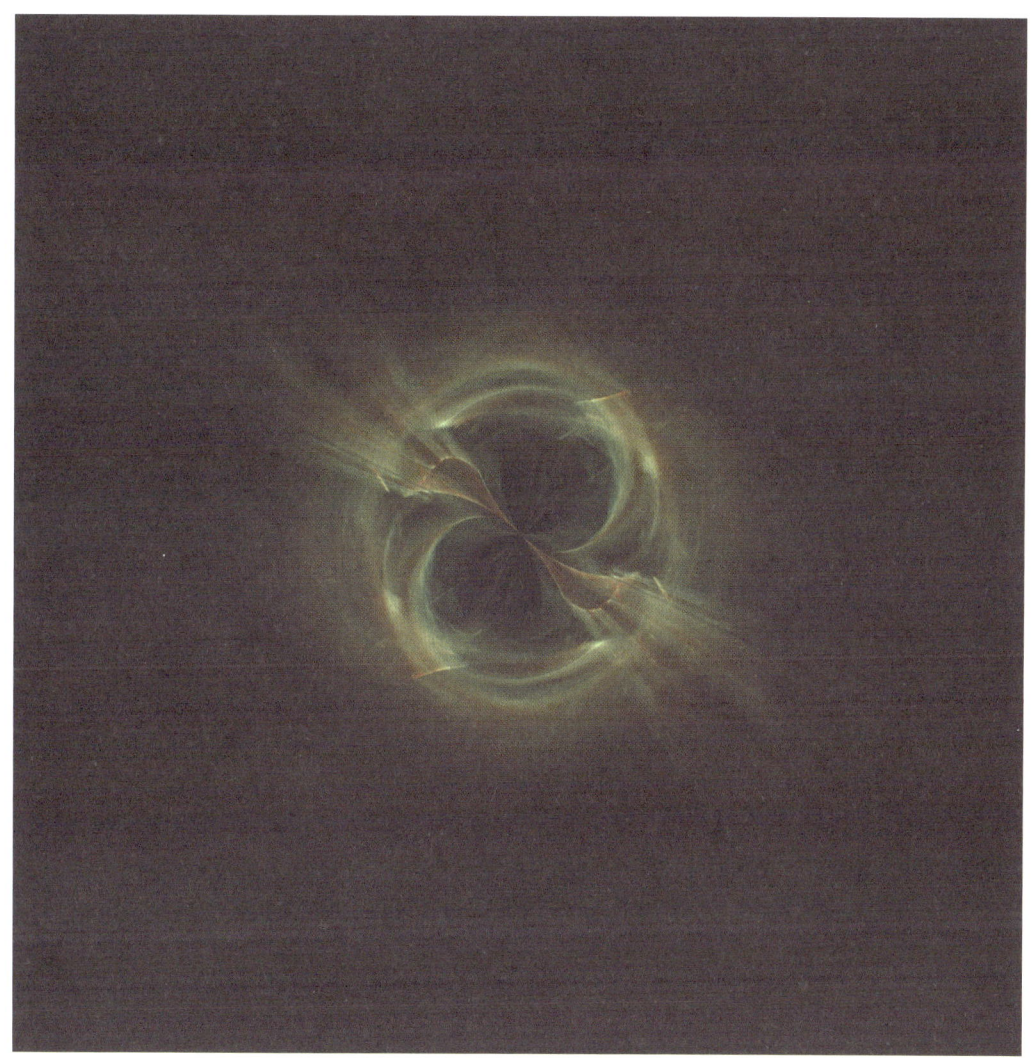

사진 4. 웜홀의 이미지.

나는 우주가 거대한 컴퓨터와 비슷하다고 생각했어. 그리고 정보 이론에서 양자 이론을 유도할 수 있다고 주장했지. 정보는 우주와 물리학의 기본이야. 물리학적 원리로 설명할 수 있는 것들의 기원이 정보 이론에 있다고 본 거지.

노벨 물리학상, 제자들이 받았으니 됐어!

나는 90살이 넘어서도 일주일에 두 번씩 연구실에 출근해 우주를 구성하는 진리를 탐구했어. 창조라는 것은 너무 거대해서, 나에게 허락된 시간 동안 이 숙제를 풀 수 있을 거라고 생각하지는 않았어. 그래도 끊임없이 답을 얻으려고 노력했지.

나는 스스로 물리학의 중요한 문제를 끊임없는 열정으로 탐구한 물리학자라고 자부해. 실제로 오랫동안 시공간과 우주, 그리고 물질에 대해 깊이 있게 고민하고 탐구했지. 우주는 정말로 기묘해. 이러한 사실을 알게 되면, 우리는 우주가 정말 단순하다는 것을 깨닫게 되지.

나는 주로 물리학 이론을 연구했어. 노벨 물리학상은 그 이론이 실험으로 증명되어야 받을 수 있지. 내가 사랑한 제자 리처드 파인만은 양자전기역학이라는 분야에 이바지한 공로로 노벨 물리학상을 받았고, 또 중력파가 존재한다는 것을 실험으로 입증한 킵 손도 노벨 물리학상을 받았어. 내 제자 중 두 명이나 노벨 물리학상을 받았으니 이보다 더 기쁜 일이 있을까?

원자폭탄 개발 계획인 맨해튼 프로젝트를 성공적으로 마무리한 로버트 오펜하이머도, 수소폭탄 개발 계획인 매터혼 프로젝트를 이끈 나도 노벨상과는 인연이 없었어.

그래도 나는 노벨상 빼고 많은 상을 받았어. 엔리코 페르미상, 벤저민 프랭클린 메달, 아인슈타인상, 닐스 보어 국제 금메달, 로버트 오펜하이머 기념상 등등. 97세까지 건강하게 살면서 진리를 탐구하는 것 자체가 좋았어.

나는 늘 대학에 학생이 있는 이유는 그들이 교수를 가르치기 때문이라고 생각했지. 내가 학생들을 가르치는 게 아니라 학생들이 나를 가르친 거야. 학생들에게 이런 말을 들을 때면 정말 행복했어.

"휠러 교수님은 물리학의 재미와 흥미를
일깨워 주신 진정한 스승이셨습니다!"

9장

전기차의 이름이 된

니콜라 테슬라

* **니콜라 테슬라**

크로아티아 출신, 미국의 발명가, 물리학자, 전기공학자
1856년 출생, 1943년 사망
라디오를 통한 무선 통신을 최초로 실현
현대 전기 공학 개척, 에디슨과의 '전류 전쟁'에서 승리
존 스콧상, IEEE 에디슨 메달, 엘리엇 크레슨 메달 등 수상

Nikola Tesla

"

1915년 노벨 물리학상, 테슬라와 에디슨 공동 수상!
-《뉴욕타임스》

1915년 노벨 물리학상, 윌리엄 브래그 부자 공동 수상!
-로이터 통신

"

TIME
The Weekly Newsmagazine

NIKOLA TESLA

Volume XVIII   Number 3

사진 1. 1931년 7월 20일 자 《타임》 잡지
의 모델이 된 니콜라 테슬라.

자, 두 기사의 제목 중 하나는 진짜고, 하나는 가짜야. 뭐가 진짜일까?

맞아! 1915년 노벨 물리학상은 윌리엄 헨리 브래그와 그의 아들 윌리엄 로런스 브래그가 받았어. 엑스선을 통해 광물의 결정 구조를 분석한 공로가 인정된 거였지. 역사상 처음으로 아버지와 아들이 함께 노벨상을 받은 거야. 나와 에디슨은 끝내 노벨상을 받지 못했어.

전류 전쟁이 시작되었어!

안녕! 난 니콜라 테슬라야. 전기차 하면 나 테슬라지. 미국의 기업가인 일론 머스크가 전기차를 개발하면서 내 이름을 붙인 거야. 그래서 내 이름이 세상에 더 많이 알려지게 되었지. 나로서는 고마운 일이야. 아마도 지금은 에디슨보다 내가 더 유명할걸?

나는 1856년, 지금은 크로아티아 지역인 오스트리아 제국에서 태어났어. 나는 시 쓰기나 외국어에 관심이 많았어. 모국어 외에 영어, 프랑스어, 독일어, 이탈리아어를 유창하게 구사할 수 있었지.

시 쓰기를 좋아했다고 해서 조용한 아이였던 건 아니야. 물에서 놀다가 익사할 뻔한 적도 있었고, 뜨거운 우유 통에 들어갔다가 푹 익을 뻔한 적도 있었어. 한마디로 못 말리는 개구쟁이였지.

내 자랑 같지만, 난 직감적으로 문제의 답을 알아내는 능력이 있었어. 설계도나 모형이 없어도, 실험해 보지 않아도, 머릿속으로 발명의 전 과정을 그려 낼 수가 있었지.

10살 때 중등학교 교육기관인 김나지움에 입학했는데, 물리학 실험 수업이 너무 즐거웠어. 호기심이 강한 나에게 이런 다양한 실험 장비로 여러 실험을 해 볼 수 있는 기회는 정말 소중했지. 1875년에 오스트리아에 있는 그라츠 공과대학교에 입학했는데, 공부하는 게 좋아서 새벽 3시부터 밤

노벨상 수상자보다 빛난 천재 물리학자들

11시까지 공부만 했어. 그런데 경제적인 문제로 다음 해에 학교를 그만두어야 했지.

난 헝가리 부다페스트로 가서 삼촌의 도움을 받기로 했어. 삼촌의 도움으로 헝가리 중앙 전신국에 취직했고, 거기서 교류 전기 장치를 연구했지. 직류 모터의 문제점을 교류 장치로 바꾸는 연구를 한 거야.

건전지에는 전류가 흐르잖아? 그런데 전류가 흐르는 방식은 2가지가 있어. 하나는 직류이고, 다른 하나는 교류야. 직류는 정해진 방향으로만 전류가 흐르지만, 교류는 전류의 방향이 주기적으로 바뀌지.

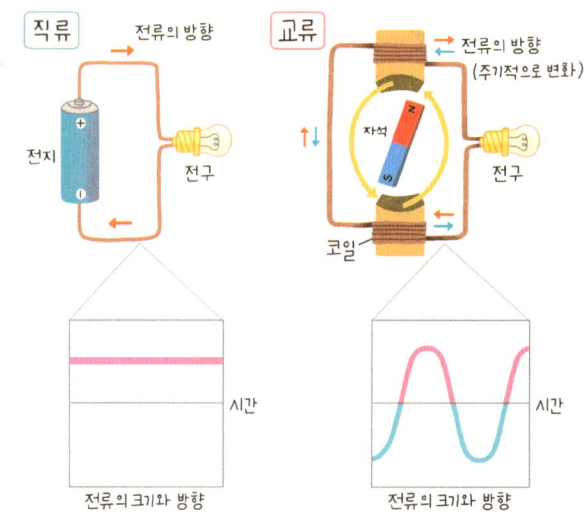

노벨상 수상자보다 빛난 천재 물리학자들

교류 장치에 관한 연구는 나에게 죽느냐 사느냐의 문제였어. 실패하면 내 인생은 끝난다고 생각했고, 죽기 살기로 열심히 연구했지. 교류 전기를 생산하고, 전송하고, 이용하는 장치를 연구한 끝에, 드디어 1882년, 내가 발명한 교류 장치가 직류 장치보다 월등하게 좋다는 것을 증명했어!

사진 2. 1912년, 영사기 앞에 선 토머스 에디슨.

이런 나의 노력을 토머스 에디슨의 동료이자 발명가인 찰스 배첼러가 알아보고, 미국으로 가서 연구를 계속하라고 권유했어. 추천서까지 써 주면서 말이야. 나는 1884년 미국에 갔고, 에디슨을 만났어. 에디슨은 나보다 9살이나 많은 발명계의 대선배였지.

나는 에디슨과 함께 일하면서 발전기를 효율적으로 작동해서 성능을 향상하는 등의 능력을 보여 줬어. 그러자 에디슨은 나에게 보너스로 5만 달러를 주기로 약속했지. 그런데 주지 않더라고. 에디슨에 대한 믿음이 사라지게 되었고, 난 에디슨 곁을 떠났어.

에디슨과는 헤어졌지만, 내 이름은 미국에 널리 알려지기 시작했어. 투자가들이 회사를 차려 주겠다고 제안했고, 그렇게 해서 1887년 4월, 테슬라 전기회사가 세상에 선을 보였지. 내 머릿속에는 수많은 발명품이 가득했고, 많은 발명 특허를 땄어.

그때 마침 전력회사인 웨스팅하우스에서 직류 시스템을 교류 시스템으로 교체하는 일을 나에게 의뢰했어. 이 일로 에디슨이 몹시 화를 냈다고 하더라고. 왜냐하면 웨스팅하우스는 에디슨의 직류 시스템을 사용하고 있었거든. 화가 날 만도 하지. 사람들은 이런 상황을 '전류 전쟁'이라고 불렀어.

내 관심은 교류 전류와 무선 통신이었어!

나는 에디슨과 전류 전쟁을 벌였지만, 대세는 교류였어. 직류는 세기나 방향이 일정하기는 해도 전력 손실이 컸거든. 즉, 발전소에서 전기를 보낼 때 잃어버리는 양이 너무

사진 3. 굴리엘모 마르코니가 초기 라디오 장치 앞에서 포즈를 취하고 있는 사진. 왼쪽의 장치는 고전압으로 작동하는 송신기, 오른쪽에 있는 장치는 수신기.

많다는 거야. 교류는 전력 손실이 적고, 고전압으로 보내는 일도 가능했지.

나는 또 무선 통신에 관심이 많았어. 1893년에 최초로 무선 통신 시범을 보였지. 5킬로와트짜리 송신기로 1미터 정도 떨어진 전기 장치에 불이 들어오게 하는 데 성공한 거야. 이탈리아의 전기공학자인 굴리엘모 마르코니가 1895년에 무선 통신을 개발했는데, 내가 2년 앞서 성공한 거지. 내가 선보인 무선 통신 기본 장치와 장비들은 마르코니가 발표한 것과 같았어.

나는 이렇게 교류 장치와 무선 통신 장치를 연구하면서 희망에 부풀어 있었어. 그런데 1895년 3월 13일, 실험실에 큰불이 나고 말았어. 값비싼 실험 기기들이 전부 다 타 버렸지. 어마어마한 재산도 잃었지만, 더 큰 손실은 애써 연구했던 무선 통신과 에너지 무선 전송 방법 등 값진 자료들이 재가 되어 사라지고 말았다는 거야.

그렇지만 내 능력까지 사라진 것은 아니었어. 고맙게도 좋은 투자자가 나타나 콜로라도주 콜로라도스프링스에 실험실을 마련해 주었지.

나는 2가지 목표를 세우고 다시 열심히 연구했어. 하나는 전 세계를 연결하는 무전 전신 시스템을 개발하는 것이었고, 다른 하나는 에너지를 더 효율적으로 보내는 방법을 연구하는 것이었어. 훗날 누군가 그때 일을 묻길래 이렇게 대답했지.

"콜로라도스프링스 실험실에서 개발한 무선 전송 장치는 내가 만든 것 중에서 가장 멋진 발명품입니다."

나는 마르코니에 앞서 무선 통신을 연구하고 성공했어. 그래서 내가 만약 노벨 물리학상을 수상한다면, 무선 통신 기술을 이용한 에너지 전송 때문일 거라고 생각했지.

하지만 난 노벨상을 받지 못했어. 에디슨도 마찬가지였겠지만, 노벨 물리학상 공동 수상은 싫었거든. 같이 받느니

사진 4. 1930년, 니콜라 테슬라.

안 받는 게 낫다고 생각했던 거야. 아마도 에디슨과 벌인 전류 전쟁이 노벨 물리학위원회에는 좋지 못한 모습으로 보였을 거야.

그래도 나는 에디슨을 이겼다고 생각해. 자석 주위에 자기력이 미치는 공간을 자기장이라고 하는데, 그 단위가 바로 내 이름인 '테슬라'거든. 국제적인 단위에 내 이름이 쓰이는 것만도 자랑스러워. 에디슨이란 단위는 없으니까 말이야. 일론 머스크가 전기자동차를 개발하면서 내 이름을 쓴 것도 고맙고.

'난 노벨 물리학상보다
테슬라라는 단위가 더 소중해!'

10장

대륙은 움직인다,
알프레트 베게너

＊ **알프레트 베게너**

독일의 기상학자이자, 지구물리학자

1880년 출생, 1930년 사망

'판게아'라는 거대한 초대륙의 존재에 관한 학설을 주장

대륙이동설을 처음으로 주장

1922년, 대륙이동설을 증명할 『대륙과 해양의 기원』 출간

Alfred Lothar Wegener

"

지구의 모든 대륙은 한때 하나의 대륙이었습니다.
그렇게 붙어 있던 대륙들이 어떠한 이유로 떨어지게 되었고,
차츰차츰 멀어지면서, 오늘날과 같은 모양의 대륙이
만들어졌습니다.

"

사진 1. 1910년, 알프레트 베게너.

　'하나의 대륙'이라니, 이게 무슨 얘기냐고? 그건 바로 내가 평생을 연구해 내린 결론이자 중요한 발견인 '대륙이동설'이야.

　안녕! 다들 잘 알고 있지? 대륙이동설 하면 바로 나, 알프레트 베게너잖아. 사람들은 대륙이 이동했다고 하니까 믿질 않더라고. 뭐, 이해는 돼. 엄청나게 큰 대륙이 어떻게, 어떤 힘으로 움직이겠어?

　하지만 내가 그 증거를 찾아냈어. 그것도 내 두 발로 직접 걸어서 말이야! 물론 그러다가 눈 속에 파묻히긴 했지만 말이야.

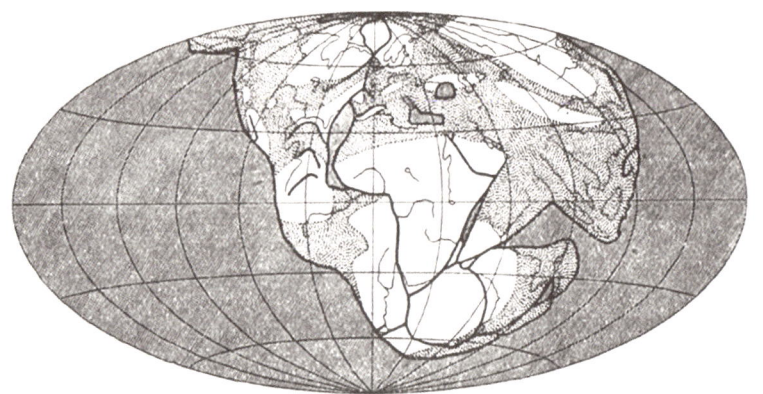

사진 2. 베게너의 판게아 이론에 따라 그린 세계 지도.

나의 결정적인 장소는 그린란드야!

'진화론' 하면 찰스 다윈이잖아? 다윈의 결정적인 장소는 갈라파고스야. 다윈과는 또 다른 진화론을 주장한 앨프리드 월리스의 결정적인 장소는 말레이반도이고. 내가 존경한 독일의 자연 지리학자 알렉산더 훔볼트의 결정적인 장소는 에콰도르의 침보라소였지.

왜 이런 얘기를 하냐고? 그건 나에게도 이런 결정적인 장소가 있기 때문이야. 바로 그린란드!

난 1880년 독일 베를린에서 태어났어. 아버지는 신학자이자 교사여서 교육에 관심이 많았어. 그래서 나도 열심히 공부했지. 베를린 훔볼트대학교에서 물리학, 기상학, 천문학을 공부했어. 훔볼트대학교는 내가 존경하는 교육 개혁가인 훔볼트와 그의 형 이름을 딴 대학교야.

베를린대학교에서는 천문학으로 박사 학위를 받았는데, 주로 기상과 기후에 관한 물리학 연구를 했어. 기상학자라고나 할까. 내 아내 엘스는 유명한 기상학자인 블라디미르 쾨펜의 딸인데, 쾨펜은 내 스승이면서 장인어른이기도 하지. 기후를 열대, 온대, 한대 등으로 구분하는 방법을 처음 개발한 분이야.

기상과 기후를 연구하려면 무엇보다 탐험이 중요해. 내 삶은 끊임없는 탐험의 연속이었지. 그래서 나는 네 번이나 그린란드 탐험을 떠났어. 극지방은 자연환경이 비교적 잘 보존되어 있어서 기후 연구에 아주 중요한 곳이거든.

1906년, 나는 제1차 그린란드 탐험에 참여했어. 이때의 경험은 내 인생에 매우 중요한 전환점이 되었지. 나와 덴마크 탐험대는 그린란드 북동부 해안 지역을 탐험하고, 연구하는 임무를 맡았어. 우리는 기상 관측소를 세우고, 연과 기구를 띄워 북극의 기후와 기상을 관측하고 측정했지.

그런데 그만 탐험대장과 동료 두 명이 북극의 추위를 견

디지 못하고 사망하는 일이 생겼어. 우리는 아픔을 뒤로 하고, 1908년 독일로 돌아왔어.

제2차 그린란드 탐험을 하기 전까지, 나는 독일의 마르부르크대학교에서 기상학과 천문학 그리고 물리학을 가르쳤어. 그리고 1912년 1월, 프랑크푸르트의 박물관에서 열린 지질학회 강연에서 대륙 이동을 주제로 발표를 했지.

1912년, 나는 제2차 그린란드 탐험에 나섰어. 탐험대는 빙하의 틈에 빠져 죽을 뻔한 고비를 여러 번 넘겼지. 우리는 그린란드 북동부 지역에서 한겨울을 보내며 북국의 바다 밑을 조사했어. 빙하 붕괴 지형을 고군분투하며 헤쳐 나갔고, 식량이 부족해 위기를 겪기도 했지. 그리고 1913년 여름, 우리는 무사히 귀국했어.

그런데 1914년 제1차 세계대전이 일어난 거야. 나는 보병 장교로 벨기에 전투에 나갔다가 다쳐서 육군 기상청에 배치되었어. 기상청에 근무하는 동안 독일의 여러 기상 관측소, 발칸 반도, 서부 전선, 발트 해안을 오가며 탐구할 기회를 얻었지. 대륙이동설을 연구하는 데 큰 도움이 되었어. 이 연구를 정리해 1915년에 『대륙과 해양의 기원』이라는 책도 완성했어.

대륙은 움직이는 거야!

나는 전부터 남아메리카 대륙의 동해안과 아프리카 대륙의 서해안 모양이 아주 비슷하다고 생각했어. 마치 둘이 붙어 있다가 떨어진 것처럼 말이야. 이것이 내가 대륙이동설을 주장한 최초의 이유였지.

난 책에 이런 내용을 실었어. 아주 오랜 옛날, 대서양의 양쪽 대륙이 반대 방향으로 이동했다는 거야. 바로 대륙이동설이지. 기상학자인 내가 이런 주장을 했더니 사람들이 나를 바보 취급하더군. 그래도 내 생각을 바꾸지 않았어.

또 나는 거대한 초대륙인 '판게아'가 약 2억 년 전에 갈라져 이동하면서 지금의 위치와 모양이 되었다는 학설을 발표했어.

지구의 모든 대륙은 한때 하나의 대륙이었습니다.
그렇게 붙어 있던 대륙들이 어떠한 이유로 떨어지게
되었고, 차츰차츰 멀어지면서 오늘날과 같은 모양의
대륙이 만들어졌습니다.

해안선의 모양이 비슷한 것 말고도, 같은 종의 고생물 화

석이 다른 대륙에서 발견된 것도 대륙이동설의 좋은 증거
야. 또 대륙뿐만 아니라 대륙에 분포한 빙하의 흔적과 이동
방향도 대륙이 하나였다는 것을 보여 줬어. 암석의 분포도
마찬가지였고.

하지만 지질학자들조차도 여전히 과학적인 근거가 부족
하다고 수군댔어. 그래서 또다시 증거를 수집하기 위해 그
린란드 탐험을 떠났지. 17년 만에 제3차 그린란드 탐험에
나선 거야.

1930년, 내 인생의 마지막 그린란드 탐험이었지.

사진 3. 1930년, 베게너(왼쪽)와 덴마크 탐험 대원.

나는 대류이동설을 주장하고, 증거를 제시한 것만으로도
노벨 물리학상을 받을 수 있을 거라고 생각했어. 하지만 1930
년 내가 그린란드 탐험 중 세상을 떠날 때까지, 지구과학이나
지구물리학 분야에서 노벨 물리학상은 나오지 않았어.

2021년에야 비로소 지구물리학 분야 연구자들에게 노벨

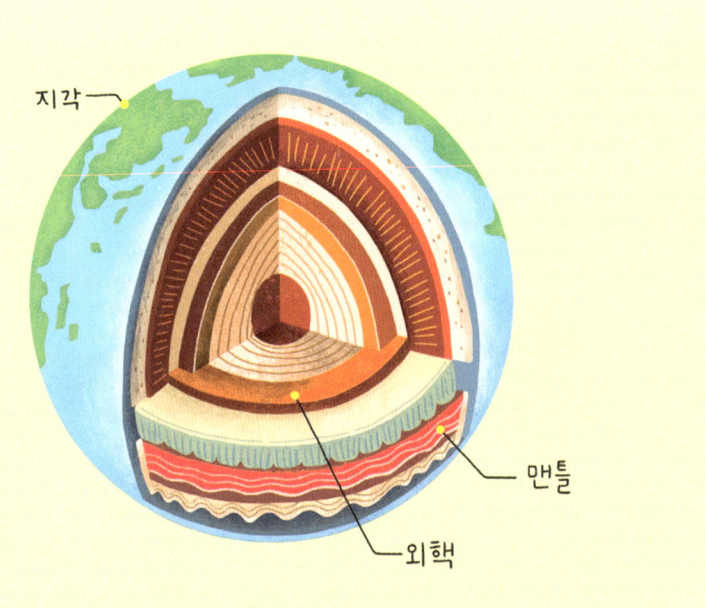

맨틀대류설

맨틀은 지각 바로 아래에 있어요. 암석으로 되어 있지만, 고온과 고압으로 대류가
일어나요. 대류이동설은 대륙을 이동하게 하는 힘이 맨틀의 대류 현상에서 온다고
보고, 이것을 '맨틀대류설'이라고 해요.

노벨상 수상자보다 빛난 천재 물리학자들

물리학상이 수여되었어. 일본계 미국 과학자인 마나베 슈쿠로와 독일의 기상학자인 클라우스 하셀만은 지구 기후의 물리학적 모형 연구를 통해 지구온난화의 수학적 예측 가능성을 증진하는 데 공헌했고, 이탈리아의 조르조 파리시는 원자에서 행성 규모에 이르는 물리계의 무질서와 변동 사이의 상호작용을 발견한 공로를 인정받았지.

난 50세라는 젊은 나이에 삶을 마감했어. 그래도 내가 좋아하는 탐험을 하다가 세상을 떠났으니 행복한 결말이지? 좀 더 오래 살았더라면 지구물리학에 기여하는 새로운 연구도 많이 했을 텐데. 그랬더라면 노벨 물리학상도 받았을 거고.

하지만 후회는 없어. 내가 주장한 대륙이동설은 이후에 맨틀대류설이나 판구조론 등 지구의 비밀을 밝히는 데 밑거름이 되었으니까. 스승이자 장인어른인 블라디미르 쾨펜도 이렇게 말씀하실걸?

"기상학, 기후학, 지구물리학 발견에
이바지한 공로는, 스승인 나보다
자네가 훨씬 더 크다네!"

11장

컴퓨터 과학의 아버지

앨런 튜링

* 앨런 튜링

> 영국의 컴퓨터 과학자, 수학자, 암호학자
> 1912년 출생, 1954년 사망
> '튜링 기계'로 알고리즘과 계산 개념을 형식화해 컴퓨터 과학 발전에 공헌
> 제2차 세계대전 당시 독일군의 암호를 해독하는 등 암호학의 기틀을 다짐

Alan Mathison Turing

"

난 애플의 창업자 스티브 잡스야. 난 사과를 좋아해.
먹는 것 말고, '역사의 사과' 말이야. 스피노자는
내일 지구에 종말이 와도 사과나무를 심겠다고 했고,
뉴턴은 떨어지는 사과를 보고 만유인력을 발견했지.
앨런 튜링이 죽던 날, 침대 옆에는 한 입 베어 문 사과가 있었어.
내가 한 입 베어 문 사과로 회사의 로고를 만든 건
세 사람에 대한 존경심의 표현이야!

"

사진 1. 앨런 튜링

안녕! 난 스티브 잡스가 얘기한 앨런 튜링이야. 사람들이 '컴퓨터 과학의 아버지'라고 부르지. 난 컴퓨터 발전에 내 평생을 바쳤어. 인간의 지능을 기계에 저장하는 방법을 연구하면서 인공지능과 정보에 관해 깊이 생각했지.

수학 실력으로 암호를 해독했어!

난 1912년 영국 런던에서 태어났어. 어릴 때부터 수학만큼은 누구에게도 지지 않을 자신이 있었지. 배우지도 않은 미적분 문제도 원리를 아니까 풀 수 있겠더라고. 그때 생각했어. 인간의 지능, 수학, 기계와 같은 것들을 연구하면 좋겠다고. 그래서 18살에 케임브리지대학교 킹스 칼리지에 입학해서 수학을 공부했어.

내학원에서 컴퓨터의 기본 구상을 최초로 선보인 논문을 발표했더니 이 분야 학자들이 깜짝 놀라더라고. 프린스턴대학교에서 내 논문의 진가를 알아보고 장학금을 준다고 해서 미국으로 갔어.

나는 1938년에 박사 학위를 받았는데, 내 지도 교수는 컴퓨터 과학의 이론적 기초를 세운 알론조 처치였어. 이때부터 나는 연구의 방향을 컴퓨터 과학으로 잡았지. 내가 박사 학위를 받는 데 도움을 준 사람 중에 존 폰 노이만도 있었어. 노이만은 '게임 이론의 아버지'라는 말을 들을 정도로 대

사진 2. 1952년, 케임브리지대학교에서 앨런 튜링(맨 왼쪽에 앉아 있는 인물)과 여러 학자가 함께 찍은 사진.

단한 수학자이자 컴퓨터 과학자였지.

프린스턴대학교에서는 나에게 강의를 맡아 달라고 했지만, 난 영국으로 돌아왔어. 영국으로 돌아온 지 얼마 안 돼제2차 세계대전이 일어났지. 난 총을 들고 전쟁에 뛰어들지는 않았지만, 독일군과 머리싸움을 하고 있었어. 무슨 얘기냐고? 암호를 해독하는 기관에서 근무한 거야. 밤을 새우면서 독일군이 만든 암호를 분석하고 연구했어.

당시 독일군이 사용한 암호 체계는 '에니그마'라고 하는것이었어. 그리스어로 '수수께끼'라는 뜻이지. 에니그마는세계에서 가장 정교하고 난해한 암호 체계로 꼽혔어. 나는

사진 3. 1952년, 프린스턴 고등연구소를 위해 제작된 컴퓨터 헌정식에 참석한로버트 오펜하이머와 존 폰 노이만(오른쪽).

그런 암호를 해독하기 위해 연구하고 또 연구했어. 이런 노력 끝에 암호 해독의 성능을 높이는 기술을 개발해 냈지. 이것이 바로 '봄베'라고 하는 암호 해독기야. 독일어로 '폭탄'이라는 뜻인데, 에니그마를 폭파한다는 의미지. 이 기계로 암호를 해독해 연합군이 승리하는 데 큰 공을 세웠어.

내가 에니그마의 암호를 풀기 전까지의 상황은 독일의 압도적인 우세였어. 1943년 3월 1일부터 3주 동안 100척 이상의 연합군 전함이 독일 잠수함에 침몰당했어. 반면에 독일의 잠수함은 1척만 부서졌지.

3월 21일 이후, 상황은 바뀌기 시작했어. 암호를 해독하는 데 걸리는 시간을 한 시간으로 단축했고, 나중에는 단 몇 분으로 줄였지. 영국은 독일 잠수함의 위치와 공격 계획을 손금 보듯이 훤히 꿰뚫어 보게 되었어. 침몰하는 독일 잠수함의 수는 점점 늘었고, 결국 독일은 대서양 전투에서 패배하고 말았지. 이는 결국 연합국이 승리하는 계기가 되었어.

제2차 세계대전이 끝나고, 나는 국립물리학연구소에서 컴퓨터 개발 프로젝트의 팀장으로 일했어. 1948년에는 맨체스터대학교의 컴퓨터 연구소 부소장으로 임명되면서 인공지능 컴퓨터 개발에 온 힘을 다했지.

그때 난 이런 생각을 했어.

'인간의 뇌와 비슷한 기능을 가진 기계를 만들 수 있을까?
어떻게 하면 인간처럼 사고하는 기계를 발명할 수 있을까?'

생각하는 컴퓨터를 만들자!

이런 생각을 구체화하는 방법을 찾다가, 1950년에 유명한 실험을 만들어 냈어. 내 이름을 붙여서 '튜링 테스트'라고 하는데, 꽤 유명한 실험이야.

1950년에 이런 상상을 하긴 했지만, 나 자신도 이런 컴퓨터가 당장 실현되리라 생각한 건 아니야. 그러나 컴퓨터 기술이 계속 발전해 2000년대가 되면, 스스로 학습하고, 깨닫고, 프로그래밍할 수 있는 컴퓨터가 등장하리라고 예언했지.

나는 사람처럼 사고할 수 있는 컴퓨터를 제작하는 데 온 힘을 쏟아부었어. 이런 노력을 인정받아 1951년에 세계 최고 권위를 자랑하는 영국 왕립학회의 회원이 되었지. 컴퓨터 과학이나 인공지능으로 노벨 물리학상을 받을 수 있었

노벨상 수상자보다 빛난 천재 물리학자들

튜링 테스트

튜링 테스트는 상대의 정체를 알지 못하는 인간 실험자가 인간과 유사하게 반응하는 기계와 소통할 때, 상대가 기계인지 인간인지 구분할 수 없게 되는 것을 '지능의 존재 기준'으로 삼았어요.

던 때는 아니지만, 이 정도면 충분한 보상이라고 생각해.

그거 알아? 영국 중앙은행이 2021년에 50파운드짜리 지폐를 만들면서 초기 컴퓨터를 배경으로 나를 새겨 넣었다는 거 말이야.

영국의 지폐는 모두 4종이 있어. 5파운드에는 영국 총리이자 노벨 문학상 수상자인 윈스턴 처칠, 10파운드에는『오만과 편견』의 작가 제인 오스틴, 20파운드에는 〈전함 테메레르〉로 유명한 화가 윌리엄 터너가 새겨져 있지.

내가 상상한 컴퓨터는 현실이 되었어. 인공지능 컴퓨터인 알파고가 나타난 이후, 그 어렵다는 바둑에서도 이미 인간의 능력을 월등하게 앞서 나가고 있으니까 말이야.

그런 의미에서 2024년 노벨 물리학상이 인공지능(AI) 기술을 연구하고 개발한 이들에게 돌아간 것은 아주 기쁜 일이야. 인공지능 머신러닝(기계 학습)의 기초를 확립한 미국 프

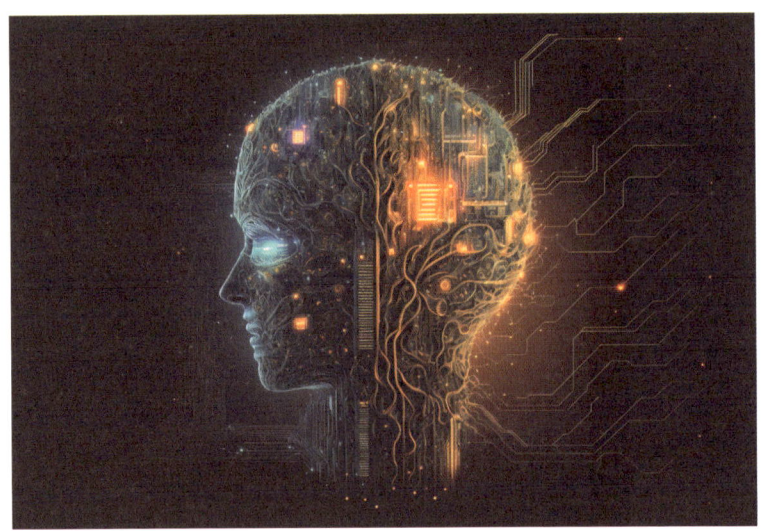

사진 4. 인공지능 이미지.

린스턴대학교의 존 홉필드 교수와 캐나다 토론토대학교의 제프리 힌턴 명예교수가 수상의 영광을 안았지. 이 둘은 인공 신경망을 이용해서 현대적인 인공지능의 토대인 머신러닝 알고리즘을 처음으로 개발했어.

더 놀라운 건 2024년 노벨 화학상도 인공지능과 관련되어 있다는 거야. 알파고를 만든 구글 딥마인드의 데미스 허사비스와 존 점퍼 그리고 워싱턴대학교의 데이비드 베이커 교수는 인공지능을 이용해 단백질 구조를 예측한 공로를 인정받았지.

특히 영국의 컴퓨터 과학자 제프리 힌턴 교수는 딥러닝 연구로 2018년 컴퓨터 과학의 노벨상이라는 '튜링상'도 받았어. 맞아. 내 이름을 딴 상이야. 1966년부터 컴퓨터 과학에 업적을 남긴 사람에게 매년 시상하고 있지. 참으로 감사한 일이야. 나를 이렇게 생각해 주다니!

베네딕트 컴버배치라는 배우가 내 역할을 맡은 〈이미테이션 게임〉은 암호 해독에 관한 영화인데, 15살이 되면 영화를 볼 수 있을 거야.

이렇게 난 컴퓨터와 인공지능을 연구하면서 이름을 널리 알렸지만 건강이 좋지 못해 오래 살지는 못했어. 그래도 후회는 없어. 내 뒤를 이어 후배들이 컴퓨터 과학과 인공지능을 눈부시게 발전시켰으니까 말이야. 스티브 잡스도 컴퓨터 과학 발전에 힘쓴 내게 이렇게 말하지 않았을까?

"당신은 컴퓨터 과학의 아버지이기도 하지만,
애플의 아버지이기도 합니다."

12장

청각 장애인의 아버지

그레이엄 벨

* **그레이엄 벨**

  스코틀랜드에서 태어난 미국의 과학자, 발명가
  1847년 출생, 1922년 사망
  최초의 실용적인 전화기 발명
  청각 장애인의 발성 문제, 축음기, 광선 전화 등 연구
  1880년 과학 전문지 《사이언스》 창간

Alexander Graham Bell

"

난 존 바딘이라고 해. 지금까지 노벨 물리학상을
두 번 받은 사람은 나밖에 없어.
한 번은 트랜지스터 발명으로,
한 번은 초전도체 연구로 받았지.
트랜지스터를 연구할 때 나는 벨 연구소에 있었어.
알렉산더 그레이엄 벨의 이름을 딴 연구소야.
전화기 하면 떠오르는 벨 알지?

"

사진 1. 그레이엄 벨.

1876년 3월 10일, 이날은 내가 연구한 전화기로 처음 통화한 날이야. 나를 돕던 전기기술자 토머스 왓슨에게 부탁할 일이 있어서 무심결에 불렀는데, 다른 방에 있던 왓슨 군이 전화기에서 들리는 내 목소리를 듣고 달려온 거야!

청각 장애인의 교사가 되었어!

미국의 물리학자 존 바딘이 얘기한 사람이 바로 나 벨이야. 난 1847년 스코틀랜드 에든버러에서 태어났어. 할아버지와 아버지는 청각 장애인에게 말하는 법을 가르치셨고, 어머니는 청각 장애가 있어서 잘 들질 못하셨어. 이런 환경이 내 인생에 커다란 영향을 미쳤지.

사진 2. 1892년, 뉴욕에서 시카고로 전화를 걸고 있는 그레이엄 벨.

나는 어렸을 때부터 목소리를 변조하는 재주로 가족과 집에 찾아온 손님들을 즐겁게 했어. 대학교에 다닐 때는 발음에 관한 공부와 연구를 했고, 졸업 후에도 발성법 교사로 일했지. 말하고 듣는 것에 늘 관심을 두고 산 거야.

그러던 어느 날, 평온하던 우리 집안에 불행이 닥쳤어. 형과 남동생이 연달아 결핵으로 사망한 거야.

우리 가족은 슬픈 기억을 지우기 위해 신대륙인 캐나다로 이주했어. 그리고 1872년, 다시 미국 매사추세츠주 보스턴에 정착했지.

이곳에서 나는 청각 장애인 학교를 세운 뒤 학생들을 가르쳤고, 보스턴대학교에서 발성을 가르치는 교수가 되었어. 나는 스스로를 '청각 장애인의 교사'라고 불렀지.

난 본격적으로 소리를 분석하고 말을 표현하는 방법을 연구했어. 나를 도와준 토머스 왓슨 군은 숙련된 전기기계 전문가였지. 왓슨과 함께 연구를 되풀이하면서 전화 장치 개발에 모든 노력을 기울였어.

그러던 어느 날이었어. 전화 장치의 진동판이 소리를 내며 떠는 게 아니겠어? 나는 왓슨이 있는 옆방으로 뛰어갔지.

"이보게, 왓슨!"

"네?"

"수화기가 갑자기 소리를 내며 진동했네!"

"……."

"자네, 혹시 전화기에 특별한 장치를 부착한 건가?"

"아니요. 단지 손가락으로 진동판을 두들겼을 뿐인데요."

"그렇다면 소리를 전류로 바꾸어 전달할 수 있는 원리가 진동판에 있다는 건데?"

나와 왓슨은 연구에 연구를 거듭했고, 마침내 전화기를 만드는 데 성공했어. 곧바로 워싱턴 특허청에 전화기 특허를 출원했지. 1876년 3월 7일, 그날이 생생하게 기억나. 내가 최초로 전화기에 대한 미국 특허를 받은 날이니까 말이야. 내 노력이 결실을 맺은 거야. 그리고 3월 10일, 왓슨과 최초의 전화 통화가 이루어졌지.

"왓슨 군, 이리 좀 와 보게. 얼굴 좀 보세."

전화를 받은 왓슨이 내 곁으로 왔어. 전화로 이루어진 최초의 대화였지.

벨 연구소는 노벨 과학상의 산실이야!

전화기 발명으로 명성을 얻은 나는 필라델피아에서 열린 미국 독립 100주년 기념 박람회에서 전화기를 전시해 관람객의 이목을 끌었어. 그리고 여러 가지 굵직한 상도 받았지. 프랑스 정부에서 주는 레지옹 도뇌르 훈장, 런던 왕립 예술협회에서 주는 알버트 메달, 그리고 미국 전기전자공학자협회에서 주는 에디슨 메달도 받았어. 이 협회에서는 통신 분야에서 뛰어난 공헌을 한 학자에게 내 이름을 딴 알

사진 3. 1947년, 캐나다에서 발행한 알렉산더 그레이엄 벨 탄생 100주년 기념 우표.

렉산더 그레이엄 벨 메달도 수여하고 있지.

아, 소리를 측정할 때 널리 사용하는 음량의 단위 '데시벨'이 내 이름에서 나온 거 알지? 또 스코틀랜드 왕립은행은 내가 태어난 날을 기념하는 기념 지폐를 발행했고, 캐나다에서는 기념 우표도 발행했어. 어때? 노벨상 안 부럽지?

하지만 더 중요한 게 있어. 나는 가디너 그린 허바드와 함께 1885년에 전화 및 전신 회사인 AT&T를 공동 설립했어. 허바드 씨는 내셔널 지오그래픽 협회의 창립자이자, 세계 최고의 과학 잡지 《사이언스》의 창립자이기도 해. 내가 그의 딸 메이블 허바드와 결혼했기 때문에 나한테는 장인어른이기도 하지.

AT&T는 1888년에 땅속에 전화선을 설치하는 데 성공했고, 1889년에 동전을 넣어 전화를 걸 수 있는 전화기를 만들었어. 1914년에 뉴욕과 샌프란시스코 사이에 전화선을

사진 4. 1885년, 그레이엄 벨과 그의 아내, 딸들, 그리고 가디너 그린 허바드 부부 등이 함께 찍은 사진.

연결하는 데 성공했고, 1915년 1월 25일에는 대륙 횡단 통화에 성공했지. 정말 획기적인 사건이었어!

이보다 더 중요한 일도 있어. 1925년 당시 AT&T의 대표였던 월터 기포드가 '벨 연구소'를 만든 거야. 이 연구소에는 전자, 전기, 통신, 시스템 공학 등 최고의 전문가들이 모였어. 존 바딘 같은 인재들 말이야.

1956년 노벨 물리학상은 존 바딘, 월터 브래튼, 윌리엄 쇼클리가 공동 수상했는데, 모두 벨 연구소에서 이룩한 업적

이야. 1978년 노벨 물리학상 역시 벨 연구소의 아노 펜지어스와 로버트 윌슨이 받았고, 2009년 노벨 물리학상을 받은 월러드 보일과 조지 스미스도 벨 연구소 출신이야. 물리학상뿐만 아니라 2014년 노벨 화학상을 수상한 에릭 베치그도 벨 연구소 출신이었어. 노벨상 수상자는 앞으로도 계속 나올 거야!

이탈리아의 물리학자 굴리엘모 마르코니가 1896년에 한 무선 통신 연구로 1909년 노벨 물리학상을 수상했기 때문에, 전화기를 만들고, 특허를 받은 나도 내심 기대는 했었어. 하지만 내가 전화기 발명 특허를 등록한 그날, 이탈리아의 안토니오 메우치도 특허를 출원하기 위해서 미국 특허청에 간 거야. 그런데 내 특허 출원이 메우치보다 한 시간 정도 빨라서 내가 전화기 특허를 갖게 되었지. 그 많은 날과 시간 중에 왜 하필 같은 날이었는지. 물론 전화기를 발명한 것으로는 누구도 노벨상을 받지 못했어.

사실 전화기도 중요하지만, 내가 더 중요하게 생각한 것은 청각 장애와 유전 연구였어. 어머니가 청각 장애인이었기 때문에 더욱 그랬지. 나는 이런 생각을 논문으로 발표했어.

부모가 청각 장애인이면,
자녀도 청각 장애인일 확률이 높다.

청각 장애가 유전될 확률이 높다는 것을 입증한 논문이야. 나의 이 연구는 19세기 미국에서 유전과 관련해 발표된 가장 유용한 연구 논문이라는 평가를 받았지.

전화기를 발명한 공로로 볼타상도 받았는데, 여기서 받은 상금으로 볼타연구소를 세워 청각 장애인 교육에 힘썼어. 전화기 발명과 관련해, 필라델피아 박람회 때 심사위원이었던 윌리엄 톰슨이 한 말이 생각나네. 톰슨은 그의 이름을 딴 절대온도 단위인 '켈빈'으로 유명한 물리학자야.

"전기를 이용해 신호와 소리를 전달하는
발명품 중에서 벨의 전화기는 가장
경이로우며, 단연코 가장 위대한
발명품입니다."

13장

게임이론의 아버지

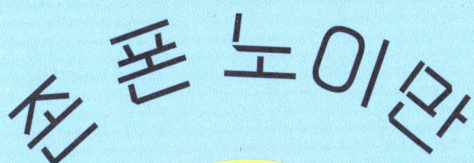

* **존 폰 노이만**

　헝가리에서 태어나 미국에서 활동한 컴퓨터 과학자, 수학자

　1903년 출생, 1957년 사망

　연산자 이론을 양자역학에 접목

　게임이론과 세포 자동자 개념을 개발

　내폭형 핵무기에 사용되는 폭축렌즈를 발명하는 데 공헌

　1956년 엔리코 페르미상 수상

John von Neumann

"

난 1963년에 노벨 물리학상을 탄 유진 위그너야.
노이만은 내 1년 후배인데, 헝가리 부다페스트의
파소리 김나지움에 함께 다녔지.
이 학교에는 물리학자 시어도어 폰 카르만, 레오 실라르드,
에드워드 텔러 등 천재들이 많았어. 나중에 사람들이 그들을
'화성인'이라고 불렀지. 하지만 내가 생각하는 유일한 천재는
단연코 노이만이었어.

"

사진 1. 1956년, 존 폰 노이만.

맞아! 우리는 화성인이라 불렸어.

안녕! 나는 존 폰 노이만이야. 헝가리에서 교육 수준이 가장 높은 학교에 다녔지. 훌륭한 과학자와 수학자를 많이 배출했는데, 위그너 선배도 그중 하나야. 선배가 나를 이렇게 극찬하다니, 영광인걸!

내가 하고 싶은 공부는 수학이었어!

나는 1903년 헝가리 부다페스트의 부유한 집안에서 태어났어. 아버지는 유대인으로 법학 박사였는데, 은행을 경영하면서 상당한 부를 쌓았지. 국가에 이바지한 공로로 귀족 지위까지 얻었어.

귀족 집안이었던 만큼 나는 어렸을 때 개인 교습을 받았이. 영어는 물론이고, 프랑스어와 독일어, 이탈리아어와 라틴어, 역사와 과학 등 다양한 학문을 어릴 적부터 두루 교육받았지.

아버지는 나와 형제들을 위해 집에 도서관도 만들어 주셨어. 그래서 맘껏 책을 읽을 수 있었지.

내가 가장 좋아하고 잘하는 과목은 수학이었어. 수학에서만큼은 누구에게도 지고 싶지 않았지. 8살 때 그 어렵다는 미분과 적분을 풀었더니, 수학을 가르치시던 선생님도 깜짝 놀라시더라고.

난 8살 나이에 김나지움에 들어가서 중등 교육을 받았어. 이때 위그너 선배와 같은 천재들을 만났지. 1921년에는 독일 베를린대학교에 입학해서 화학 공학을 공부했어. 부모님이 산업계에서 일하기를 원하셨거든. 그렇지만 내가 정말 공부하고 싶었던 것은 수학이었어.

그래서 나는 알베르트 아인슈타인이 졸업한 스위스의 취리히 공과대학교, 헝가리의 부다페스트대학교, 독일의 괴팅겐대학교 등을 거치며 수학을 공부했지. 그뿐만 아니라 물리학, 화학, 공학을 두루 공부했어. 22살이었던 1925년에는

수학으로 박사 학위를 받았으니, 이 정도면 천재 소리 들을 만하지?

1928년부터는 베를린대학교에서 수학을 가르쳤고, 1929년 10월에는 미국 프린스턴대학교의 초청을 받고 미국으로 건너가 수리물리학 강사로 일하기 시작했어. 그런데 프린스턴대학교에서 나의 천재성을 알아본 거야!

"프린스턴대학교 고등연구소의 수학 교수직을 수락해 주시겠습니까? 학생을 가르칠 필요는 없습니다. 오로지 연구에만 전념하시면 됩니다."

1933년, 나는 프린스턴대학교 고등연구소의 최초 교수진 4명 중 1명이 되었어. 그리고 죽을 때까지 거기에서 수학 교수로 지냈지.

그곳에서 나는 내 인생 최고의 이론을 연구하고 만들었어. 바로 '게임이론'이야. 게임 좋아하지? 게임을 하는 데도 고도의 수학 이론이 필요하다고.

게임이론

게임은 규칙을 정하고, 누가 이기고 누가 지는지를 겨루는 거예요. 게임은 사람과 사람, 그리고 사람과 컴퓨터도 할 수 있지요. 둘 또는 여러 사람이 게임을 한다면, 게임에 참여하는 사람은 다른 사람의 행동과 선택에 따라 여러 가지 상황을 맞닥뜨릴 수 있어요.

이런 상황에서 자신에게 미치는 영향을 분석하고, 행동하는 것을 '게임이론'이라고 해요. 게임이론은 수학뿐만 아니라, 경제학이나 정치학에서도 중요하게 다루는 학문이에요.

게임이론은 경제학 발전에도 도움이 돼!

게임이론에서 가장 중요한 것은 게임에 참여하는 사람의 손실을 최소화하는 방법이야. 내가 이것을 수학적으로 증명해 낸 거지. 그리고 이를 경제에 적용해서 게임이론의 기반을 마련했어. 1944년에 이런 내용을 담아 『게임이론과 경제 행위』라는 책을 썼지. 물론 혼자 쓴 건 아니고, 독일 출신의 미국 경제학자 오스카르 모르겐슈테른과 함께 썼어.

이렇게 연구한 게임이론은 이후 노벨 경제학상의 텃밭이 되었어. 내가 노벨 경제학상을 받았다는 말은 아니야. 이 상은 1969년에 생겼거든. 내가 1957년에 췌장암으로 세상을 떠난 지 한참 뒤에 생긴 거야.

게임이론으로 노벨 경제학상을 받은 사람들이 많아. 대표적으로 1994년 미국의 아주 유명한 천재 수학자 존 내시가 게임이론으로 처음 노벨 경제학상을 받았어.

〈뷰티풀 마인드〉라는 영화 들어 본 적 있어? 정신병으로 고통을 받으면서도 수학 연구에 열정을 쏟은 존 내시의 이야기를 담은 감동적인 영화야.

내 또 다른 관심은 컴퓨터야!

난 컴퓨터의 구조를 연구하는 데도 최선을 다했어. 1945
년에 '에드박'이라는 계산기를 설계했는데, 컴퓨터의 구조(입
출력 장치, 중앙처리장치, 메모리)는 오늘날 우리가 사용하는 컴퓨
터의 기본 구조와 같았지.

원자폭탄을 개발하는 데 컴퓨터 실력을 활용할 수 있었
어. 제2차 세계대전 동안 미국은 핵무기를 비밀리에 개발하
는 '맨해튼 프로젝트'를 추진했는데, 나도 참여해서 원자폭
탄의 연쇄 반응을 연구했지.

사진 2. 프린스턴 고등연구소에서 초기 컴퓨터 '매니악' 앞에 선 줄리안 비겔로,
허먼 골드스타인, 로버트 오펜하이머, 존 폰 노이만(오른쪽 맨 끝).

사진 3. IEEE 존 폰 노이만 메달. 1990년 전기전자공학자협회(IEEE) 이사회에 의해 만들어져 '컴퓨터 관련 과학 및 기술 분야의 뛰어난 업적'에 대해 매년 수여함.

　나는 공산주의가 정말 싫었어. 제2차 세계대전이 연합국의 승리로 끝났지만, 1946년 나의 조국 헝가리는 소련에 의해 공산화되었지. 맨해튼 프로젝트가 끝나고 오펜하이머 같은 과학자들이 핵무기 개발에 반대했던 것과는 달리, 내가 미국 정부의 핵 정책을 지지한 것은 바로 이런 이유 때문이었어.

　나는 미국의 과학기술과 군사 전략 계획에 참여했고, 특히 전쟁 무기 개발과 핵 확산 전략에 관여했지. 그리고 미국 정부의 최고 기밀 프로젝트였던 대륙간 탄도미사일 개발 위원회에도 참가했어. 그래서 맨해튼 프로젝트 때 컴퓨터와 관련한 공을 세웠음에도 노벨 물리학상은 받기 어려웠지. 오펜하이머도 결국 못 받았잖아?

그래도 나처럼 일찌감치 컴퓨터 연구를 한 사람이 있으니, 오늘날 컴퓨터가 널리 사용되고 있는 거 아니겠어?

2024년 노벨 물리학상은 인공지능 기술을 연구하고 개발한 사람들에게 돌아갔어. 인공지능 발전도 컴퓨터라는 존재가 있으니 가능한 거지.

앞에서 얘기했던 유진 위그너 선배가 한 말이 생각나네.

"통찰력에서는 알베르트 아인슈타인이
앞서지만, 빠르기와 정확도에서는
폰 노이만이 압도적이었어!"

14장

기체 운동의 대가
루트비히 볼츠만

* **루트비히 볼츠만**

  오스트리아 출신의 물리학자
  1844년 출생, 1906년 사망
  통계물리학의 기본 개념을 발전시킴
  고전 통계역학의 기초인 맥스웰-볼츠만 분포를 확립
  물리학뿐만 아니라 철학 강의로도 큰 명성을 얻음

Ludwig Boltzmann

> "
>
> 루트비히 볼츠만은 내가 1906년 빈대학교에 입학하기 직전에
> 슬픈 최후를 맞았습니다. 그 후 1960년까지, 내가 물리학에서
> 볼츠만의 이론보다 더 중요하다고 느낀 것은 없습니다.
> 막스 플랑크며, 알베르트 아인슈타인이 있다 해도 말입니다.
>
> -에르빈 슈뢰딩거 씀
>
> "

사진 1. 1898년, 루트비히 볼츠만의 석판화.

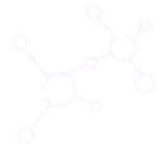

에르빈 슈뢰딩거? 1933년 폴 디랙과 함께 노벨 물리학상을 받은 학자군. 나를 이렇게까지 생각해 주다니, 영광인걸!

안녕! 나는 슈뢰딩거가 말한 루트비히 볼츠만이야. 내가 한창 물리학 분야에서 원자와 분자를 연구하던 때는 나를 알아주는 학자들이 별로 없었어. 원자와 분자의 실재를 믿지 않았던 거야.

25살에 교수가 되었어!

나는 1844년 오스트리아의 빈에서 태어났어. 아버지는 세무 공무원이셨지. 난 집에서 초중등 교육을 받고, 15살에 고등학교에 입학했어. 그런데 그해에 아버지가 돌아가셨어.

그래도 나는 열심히 공부해서 1863년에 빈대학교에 입학했어. 거기서 물리학을 공부하고, 23살에 박사 학위를 받았지. 지도교수인 요제프 슈테판의 조수로 2년 정도 함께 연구했고, 1869년에는 그라츠대학교의 물리학 교수가 되었어. 이때 내 나이가 25살이었으니, 대단하지?

　　교수가 되고 보니 유명한 과학자들과 교류도 하고, 연구도 할 수 있어서 좋더라고. 1869년에는 하이델베르크대학교에서 화학자인 로베르트 분젠, 수학자인 레오 쾨니히스베르거와 공동 연구를 했어. 1871년에는 베를린대학교에서 물리학자인 구스타프 키르히호프와 헤르만 폰 헬름홀츠와도 공동 연구를 했지.

　　그 후 내가 태어난 오스트리아에 있는 그라츠대학교에서 물리학과 학과장을 맡았고, 연구를 이어 나갔어. 내가 주로 연구한 통계물리학은 확률과 통계의 여러 방법을 적절히 이용해서 자연 현상을 탐구하는 물리학의 한 분야지.

　　1890년에는 독일의 뮌헨대학교로 옮겨 이론물리학과의 학과장이 되었고, 1894년에는 다시 오스트리아의 빈대학교으로 돌아왔어. 지도교수였던 요세프 슈테판의 교수 자리를 이어받기 위해서였지.

그런데 다시 돌아온 빈대학교에서 나는 마음이 편치 않았어. 동료 교수들과의 관계가 좀 불편했거든. 철학 교수이자 과학사 교수였던 에른스트 마흐와는 특히 불편했지. 이유는 원자와 분자 때문이야.

내가 온 힘을 다해서 연구한 통계물리학에서, 원자와 분자의 존재는 물질의 특성을 설명하는 데 핵심적인 역할을 해. 오늘날에는 원자와 분자의 존재가 명확하게 입증되었

사진 2. 1905년, 에른스트 마흐.

노벨상 수상자보다 빛난 천재 물리학자들

지만, 당시에는 그렇지 않았어. 원자와 분자를 믿지 않는 학자들도 있었고, 믿는 학자들도 있었지. 에른스트 마흐 교수는 원자와 분자의 존재를 믿지 않는 대표적인 학자였어. 물론 나는 원자와 분자의 존재를 믿는 대표적인 학자였고.

마흐 교수는 '마하'로 유명한 과학자야. 소리의 속도인 '음속'의 단위를 마하라고 하잖아? 바로 그의 이름을 딴 거야.

원자와 분자의 존재를 확신하지 않는 학자들은 나의 통계물리학 이론 자체를 거부하기 시작했어. 난 너무 화가 났어. 평생을 연구한 이론인데 말이야!

기체 운동 이론의 선구자가 되었어!

속이 상하고 우울했어. 그래서 나는 나를 인정하지 않는 학자들과 거리도 둘 겸, 건강도 지킬 겸 독일의 라이프치히대학교로 가서 잠시 머무르기로 했어. 그리고 2년 후인 1902년에 마흐 교수가 퇴임하고 나서 다시 빈대학교로 돌아왔지. 더 열심히 연구하겠다는 각오와 함께 말이야.

난 연구에 몰두하며 사람들에게 내 이론을 소개했어.

"원자와 분자는 반드시 존재해야만 합니다.
그리고 저의 통계물리학 이론은 정당한 이론입니다."

그래도 원자와 분자의 존재를 부정하는 학자들의 반응은 달라진 게 없었어. 나는 다시 한번 낙담하고 상심했지. 아니, 낙담과 상심의 정도는 지난번보다 더 깊고 커서, 우울증이 생기고 말았어.

원자와 분자의 운동 이론에 관한 나의 연구는 언젠가 빛을 볼 날이 있으리라 생각하고, 나는 자연철학 강의에 집중하기로 했어. 내 강의는 인기가 아주 좋았지. 학생들이 가장 큰 강의실 계단 사이에 서서 강의를 들어야 했을 정도였으니 말이야. 그리고 내 자연철학 강의를 듣기 위해 오스트리아의 황제 가족들이 나를 궁전으로 초대하기까지 했다니까!

내가 평생 연구한 것은 통계물리학과 기체 운동 이론이야. 기체는 원자와 분자로 이루어져 있고, 원자와 분자는 눈에 보이지 않아. 나는 이러한 원자와 분자를 이용해서 압력과 온도를 설명해 내는 데 성공했지.

앞서 슈뢰딩거가 나를 높이 평가한 것도 바로 내가 통계물리학과 기체 운동 이론의 선구자였기 때문이야. 통계물리학과 기체 운동 이론은 물리학에선 빼놓을 수 없는 분야지. 통계물리학과 기체 운동 이론이 없다면, 반도체와 초전도체에 관한 연구는 없었을 거야. 반도체와 초전도체 연구로 노벨 물리학상을 받은 사람들이 계속 나왔잖아?

내가 살아 있을 때 원자와 분자의 존재가 확실하게 입증되었다면, 나도 당연히 노벨 물리학상을 받았을 거야. 하지만 원자와 분자의 존재가 입증돼 물리학자들이 이를 흔쾌히 받아들인 것은, 안타깝게도 내가 죽고 몇 년 지나서의 일이야.

통계물리학

물질은 분자, 분자는 원자, 원자는 원자핵과 전자로 구성되어 있어요. 이런 입자들은 따로따로 움직이기보다는 집단으로 움직이는 경우가 많아요. 이렇게 매우 많은 수의 입자가 움직이거나 복잡하게 움직이는 경우, 확률이나 통계적인 방법으로 분석할 수 있어요. 이런 학문을 '통계물리학'이라고 해요. 기체가 공기 중에 퍼지거나, 반도체나 초전도체 등이 일으키는 현상을 주로 통계물리학으로 설명한답니다.

원자와 분자의 존재를 입증한 프랑스의 물리학자 장 바티스트 페랭, 기체와 액체의 상태방정식을 연구한 네덜란드의 물리학자 요하네스 판데르발스 등이 노벨 물리학상을 수상했지.

"나보다 더 뛰어난 슈뢰딩거가 한 말이
내 모든 업적을 말해 주고 있으니,
난 그걸로 만족해!"

15장

84번이나 노벨상 후보에 오른

아르놀트 조머펠트

＊ 아르놀트 조머펠트

　　독일의 이론물리학자
　　1868년 출생, 1951년 사망
　　보어의 원자 구조론을 발전시켜 엑스선과의 관계를 해명함
　　양자론 발전에 공헌
　　미세구조상수 발견

Arnold Johannes Sommerfeld

1914년 노벨 물리학상 막스 폰 라우에
1932년 노벨 물리학상 베르너 하이젠베르크
1936년 노벨 화학상 피터 디바이
1944년 노벨 물리학상 이지도어 라비
1945년 노벨 물리학상 볼프강 파울리
1954년 노벨 화학상, 1956년 노벨 평화상 라이너스 폴링
1967년 노벨 물리학상 한스 베테

우리는 모두 노벨상을 받았답니다. 인재 양성 분야에 노벨상이 주어진다면, 단연코 스승님이 첫 번째 수상자가 될 것입니다.

사진 1. 아르놀트 조머펠트.

"노벨상을 받은 제자들이 많긴 많네!"

안녕! 나는 독일의 이론물리학자 아르놀트 조머펠트야. 1868년에 동프로이센의 쾨니히스베르크에서 태어났는데, 이 지역은 현재 러시아의 칼리닌그라드에 속해 있어.

아버지는 쾨니히스베르크의 이름 있는 가문 출신이었어. 난 쾨니히스베르크대학교에서 수학과 물리학을 공부하고, 1891년 23살의 나이에 박사 학위를 받았지.

나보다 더 유명한 알베르트 아인슈타인은 이때 나보다 한참 어린 2살 아기였어. 아인슈타인은 먼 훗날 이런 말을 했지.

"제가 조머펠트를 특히나 존경하는 이유는

그가 능력 있고 유능한 젊은 물리학도를

여럿 제자로 키워 냈기 때문입니다."

제자가 없는 걸로도 유명한 아인슈타인이었으니, 나를

부러워할 만도 하지?

사진 2. 1911년, 세계적인 물리학·화학 학회인 솔베이 회의에 참석한 조머펠트(왼쪽에서 네 번째)와 아인슈타인(오른쪽에서 두 번째).

1896년 괴팅겐대학교, 1900년 아헨 공과대학교, 1906년 뮌헨대학교에서 학생들을 가르쳤으니, 제자가 참 많았지. 나는 주로 원자 세계를 다루는 양자역학과 흐르는 물질을 다루는 유체역학을 연구했어. 1900년대 초는 양자역학이라는 물리학의 한 분야가 막 떠오르던 때였지.

열심히 가르치는 스승이 되고 싶었어!

앞에서도 말했지만, 훗날 노벨상을 받은 많은 수상자가 나의 제자들이었어. 피터 디바이, 볼프강 파울리, 베르너 하이젠베르크, 한스 베테, 막스 폰 라우에, 이지도어 아이작 라비, 라이너스 폴링 등이 노벨상을 받았지. 나처럼 노벨상은 받지 못했지만, 뛰어난 물리학자들도 많았어.

양자역학 발전에 이바지한 공로로 1954년 노벨 물리학상을 수상한 독일의 물리학자 막스 보른은 이렇게 말했지.

"조머펠트는 인재를 알아보고, 발굴하는 능력이 정말로 남다릅니다."

내가 아인슈타인이나 막스 보른에게 이런 얘기를 들은 것은 학생들과 거리를 두지 않고, 거리낌 없이 대화하는 것을 좋아했기 때문이야. 제자들을 집에 초대해서 양자역학에 관해 토론하며 맛있는 음식을 함께 먹거나, 카페에서 학생들을 만나 연구 중인 주제를 허물없이 논의했지.

1918년, 나는 아인슈타인의 뒤를 이어서 독일 물리학회의 의장이 되었어. 이때 물리학자들이 논문을 쉽게 출판할 수 있는 길을 여는 데 도움을 주기 위해 힘썼지.

1928년부터 1929년 사이에는 인도, 중국, 일본, 미국 등 여러 나라를 여행하며 강연했어. 주로 물리학을 주제로 강연했지만, 세계 평화를 위한 내 생각도 얘기했지. 이때 유럽은 히틀러의 집권으로 전쟁의 불길에 휩싸여 있었거든.

"유럽이 평화로운 세상이 되는 걸 보고 싶습니다."

20세기 물리학의 대세는 양자역학이야!

제2차 세계대전은 1945년에야 끝났어. 그사이 독일과 주변 나라에서 열심히 연구하던 많은 과학자가 미국 등으로 망명했지. 하지만 난 평생 독일을 떠나지 않았어.

나는 독일에 남아서 계속 양자역학 연구에 최선을 다했어. 20세기는 양자역학의 탄생으로 시작됐다고 해도 지나친 말이 아니야. 고전역학에서 양자역학으로 넘어가는 시기에 양자역학은 새로운 세기를 여는 데 커다란 역할을 했지. 아인슈타인이 발표한 상대성이론도 마찬가지고.

나는 초기 양자역학의 기본 뼈대를 짠 물리학자라고 자부할 수 있어. 엑스선을 발견한 빌헬름 뢴트겐과 에너지 분포의 법칙을 발견한 빌헬름 빈은 양자역학의 실험 분야를

양자역학

1900년대 이전에 물체의 운동은 뉴턴이 정리한 물리학으로 설명할 수 있었어요. 그런데 원자 안에 원자핵과 전자가 있다는 것, 빛이 입자성과 파동성을 띤다는 것이 밝혀진 이후, 눈에 보이지 않는 세상은 뉴턴의 물리학으로는 설명할 수 없다는 것을 알게 되었죠.

눈에 보이는 세상에서는 물체의 위치와 속도를 명확하게 알 수 있어요. 하지만 원자 속의 세상에서 전자의 위치와 속도는 정확하게 알 수 없어요. 양자역학을 이용하면 어느 위치에 있을 확률이 어느 정도인지 알 수 있어요. 이런 세상을 설명하는 물리학이 '양자역학'이랍니다.

이끌었고, 나와 막스 보른은 이론 분야를 이끌었다고 할 수 있지.

그런데 나를 뺀 세 사람은 모두 노벨 물리학상을 수상했어. 뢴트겐은 최초의 노벨 물리학상 수상자이고, 빈은 1911년, 막스 보른은 1954년에 수상했지.

나도 노벨 물리학상 후보에 오른 적은 많았지만, 안타깝게도 상을 받지는 못했어.

노벨 물리학상을 받지는 못했지만, 미테우치 메달, 로렌츠 메달, 막스 플랑크 메달, 외르스테드 메달 등 영광스러운 여러 상을 받았지. 그리고 영국 왕립학회 회원도 됐고. 또 제자들이 노벨상을 많이 받았으니 됐지, 뭐.

난 제자들을 열심히 가르치고 토론하는 것이 더 좋았어. 노벨 물리학상을 받으려면 과학 이론이나 과학 실험에 결정적인 역할을 해야 하는데, 아마도 노벨 물리학위원회는 내가 조언자의 역할에 머물렀다고 판단한 것 같아. 그렇다면 어쩔 수 없지. 그게 내 역할인 것을.

나는 가족과 평온하게 지내는 것도 좋았어. 그런데 1951년 뮌헨의 집 근처에서 손자들과 길을 걷다가 교통사고를 당했지. 그 후유증으로 생을 마감하고 말았어. 83년을 살았으니, 후회는 없어.

1932년 노벨 물리학상을 받은 베르너 하이젠베르크는 대학생 시절부터 내 제자였어. 정말 똑똑한 친구였지. 그런 하이젠베르크가 나에게 한 말이 있어. 난 정말 뿌듯했지!

"조머펠트 교수님에게서
물리학의 희망을 보았습니다."

:: 이미지 출처

1장 블랙홀에 빨려 들어간 스티븐 호킹

사진 1. 2012년, 스티븐 호킹.
출처 https://www.flickr.com/photos/77519207@N02/6801411136/
저작자 elhombredenegro, CC BY 2.0, via Wikimedia Commons
사진 2. 1980년대 중반 샌프란시스코 루게릭병 센터를 방문한 스티븐 호킹.
출처 https://www.flickr.com/photos/wwworks/3728608454/
저작자 woodleywonderworks, CC BY 2.0, via Wikimedia Commons
사진 3. 블랙홀을 형상화한 이미지.
출처 https://imagine.gsfc.nasa.gov/science/questions/relativity.html
저작자 NASA/D. Berry, Public domain, via Wikimedia Commons

2장 멀어지는 우주를 본 에드윈 허블

사진 1. 1931년, 에드윈 허블.
출처 http://hdl.huntington.org/cdm/ref/collection/p15150coll2/id/129
저작자 Johan Hagemeyer, Public domain, via Wikimedia Commons
사진 2. 윌슨산 천문대.
출처 http://collections.carli.illinois.edu/cdm/singleitem/collection/nby_teich/id/583
저작자 Unknown author, Public domain, via Wikimedia Commons
사진 3. 미국우주항공국(나사)의 허블 우주 망원경이 1995년에 처음 촬영한 '창조의 기둥'을 다시
관측해 찍은 사진.
출처 http://hubblesite.org/image/3471/news_release/2015-01
저작자 NASA, ESA, and the Hubble Heritage Team (STScI/AURA), Public domain, via
Wikimedia Commons

3장 원자폭탄의 아버지 로버트 오펜하이머

사진 1. 1964년, 로버트 오펜하이머.
출처 ETH Bibliothek Zürich
저작자 ETH-Bibliothek Zürich, Bildarchiv / Fotograf: Mandelmann, Erling / Com_L13-0299-
0001-0031 / CC BY-SA 4.0, CC BY-SA 4.0, via Wikimedia Commons
사진 2. 일본 나가사키 상공에 솟아오른 원자 구름.
출처 U.S. National Archives and Records Administration
저작자 Charles Levy, Public domain, via Wikimedia Commons
사진 3. 덴마크 코펜하겐 출생의 물리학자 닐스 보어. 사실상 20세기 초에 등장한 양자 이론의 고

전적 형태를 완성했다.

출처 http://www.dfi.dk/dfi/pressroom/kbhfortolkningen/
저작자 Unknown author, Public domain, via Wikimedia Commons
사진 4. 원자폭탄 배치 전 일본 지도를 보고 있는 오펜하이머(오른쪽)와 그로브스 장군.
출처 https://aurorasito.files.wordpress.com/2013/01/clip_image011.jpg
저작자 Unknown author, Public domain, via Wikimedia Commons

4장 상대성이론을 검증한 아서 에딩턴

사진 1. 1934년, 아서 에딩턴의 초상화.
출처 National Portrait Gallery
저작자 Samuel Johnson Woolf, CC0, via Wikimedia Commons
사진 2. 왕립 그리니치 천문대 남쪽 건물.
출처 Geograph Britain and Ireland
저작자 Royal Observatory, South Building, Greenwich by Chris Morgan, CC BY-SA 2.0,
사진 3. 개기일식.
출처 www.lucnix.be
저작자 Luc Viatour, CC BY-SA 3.0, via Wikimedia Commons

5장 우주가 갑자기 '펑', 조지 가모브

사진 1. W. H. 브래그 연구소의 단체 사진 속 조지 가모브(오른쪽 맨 끝).
출처 Архив академика А. А. Лебедева
저작자 Serge Lachinov (обработка для wiki), Public domain, via Wikimedia Commons
사진 2. 태양과 같은 별에서 지속적으로 일어나는 핵융합반응.
출처 자작
저작자 Justinkunimune, CC0, via Wikimedia Commons
사진 3. 1933년 브뤼셀에서 열린 제7회 솔베이 회의에 참석한 조지 가모브(뒷줄 중앙에서 왼쪽을
바라보고 있는 인물).
출처 https://research.archives.gov/id/7665680?q=rutherford%20ernest
저작자 Benjamin Couprie, Public domain, via Wikimedia Commons
사진 4. 조지 가모브가 쉽게 쓴 유명한 물리학 책 『물리열차를 타다』의 표지.
출처 케임브리지대학교 출판부
사진 5. 우주 배경 복사.
출처 Original version: NASA
저작자 NASA/WMAP Science Team, Public domain, via Wikimedia Commo

6장 '빅뱅'의 작명가 프레드 호일

사진 1. 1967년, 프레드 호일.

출처 https://repository.aip.org/hoyle-sloan-laboratory
저작자 AIP Emilio Segrè Visual Archives, Clayton Collection
사진 2. 케임브리지대학교 천문학 연구소에 있는 프레드 호일의 동상.
출처 https://www.geograph.org.uk/photo/2358458
저작자 David Purchase / Statue of Sir Fred Hoyle
사진 3. 빅뱅 이론과 정상우주론.
출처 자작
저작자 Artistosteles, CC0, via Wikimedia Commons
사진 4. 삼중 알파 충돌 과정.
출처 Own work assumed
저작자 Borb assumed (based on copyright claims)., CC BY-SA 3.0, via Wikimedia Commons
사진 5. 형성 초기 단계의 젊은 별들.
출처 NASA's Webb Unveils Young Stars in Early Stages of Formation
저작자 NASA's James Webb Space Telescope from Greenbelt, MD, USA, CC BY 2.0, via Wikimedia Commons

7장 맥박치듯 깜빡이는 펄서, 조셀린 벨

사진 1. 파리에서 열린 '2009 세계 천문의 해'에 참석한 조셀린 벨.
출처 Launch_of_IYA_2009,_Paris_-_Grygar,_Bell_Burnell.jpg
저작자 Astronomical Institute, Academy of Sciences of the Czech Republic derivative work: Anrie, CC BY-SA 3.0, via Wikimedia Commons
사진 2. 중간에 있는 구는 중성자별, 흰색 곡선은 자기력선, 푸른색 광선은 전자기파를 내뿜는 펄서의 모습.
출처 Made by Mysid in Inkscape, based on en: Image: Pulsar schematic.jpg by Roy Smits
저작자 Jm smits, CC BY-SA 3.0, via Wikimedia Commons
사진 3. 게성운(게 모양의 성운)과 게 펄서 복합체.
출처 자작
저작자 Pablo Carlos Budassi, CC BY-SA 4.0, via Wikimedia Commons
사진 4. 호주 뉴사우스웨일즈 파크스 천문대에 있는 전파망원경.
출처 http://www.scienceimage.csiro.au/image/4350
저작자 CSIRO, CC BY 3.0, via Wikimedia Commons

8장 블랙홀이라는 이름을 지은 존 휠러

사진 1. 존 휠러
출처 https://repository.aip.org/john-archibald-wheeler-lecturing-beyond-end-time-university-missouri
저작자 AIP Emilio Segrè Visual Archives, Wheeler Collection

사진 2. 1963년, 덴마크 닐스 보어 연구소에서 여러 물리학자와 함께(사진 세 번째 줄, 오른쪽에서 세 번째가 존 휠러).
출처 자작
저작자 GFHund, Public domain, via Wikimedia Commons
사진 3. 닐스 보어(오른쪽)와 하이젠베르크. 하이젠베르크는 1932년에 노벨 물리학상을 받았다.
출처 https://www.flickr.com/photos/193673378@N02/51376340345/
저작자 https://pixel17.com, CC BY-SA 2.0, via Wikimedia Commons
사진 4. 웜홀의 이미지.
출처 자작
저작자 PantheraLeo1359531, CC BY-SA 4.0, via Wikimedia Commons

9장 전기차의 이름이 된 니콜라 테슬라
사진 1. 1931년 7월 20일 자 《타임》잡지의 모델이 된 니콜라 테슬라.
출처 TIME Magazine cover, 20 July 1931, Time magazine archive.
저작자 Image of Tesla: Keystone. Rest of cover: TIME Magazine., Public domain, via Wikimedia Commons
사진 2. 1912년, 영사기 앞에 선 토머스 에디슨.
출처 NPGallery
저작자 Unknown author, Public domain, via Wikimedia Commons
사진 3. 굴리엘모 마르코니가 초기 라디오 장치 앞에서 포즈를 취하고 있는 사진. 왼쪽의 장치는 고전압으로 작동하는 송신기, 오른쪽에 있는 장치는 수신기.
출처 Portrait of Guglielmo Marconi (1874-1937), Engineer and Physicist
저작자 Unidentified photographer. Smithsonian Institution from United States, No restrictions, via Wikimedia Commons
사진 4. 1930년, 니콜라 테슬라.
출처 미상
저작자 Unknown author, Public domain, via Wikimedia Commons

10장 대륙은 움직인다, 알프레트 베게너
사진 1. 1910년, 알프레트 베게너.
출처 Bildindex der Kunst und Architektur
저작자 Unknown author, Public domain, via Wikimedia Commons
사진 2. 베게너의 판게아 이론에 따라 그린 세계 지도.
출처 De Wegener Kontinente 018
저작자 Von Alfred Wegener erstellte Karte, CC0, via Wikimedia Commons
사진 3. 1930년, 베게너(왼쪽)와 덴마크 탐험 대원.
출처 Archive of Alfred Wegener Institute

저작자 Loewe, Fritz; Georgi, Johannes; Sorge, Ernst; Wegener, Alfred Lothar, Public domain, via Wikimedia Commons

11장 컴퓨터 과학의 아버지 앨런 튜링

사진 1. 1951년, 앨런 튜링.
출처: https://www.computerhistory.org/timeline/1949/
저작자: Elliott & Fry   wikidata:Q3502848
사진 2. 1952년, 케임브리지대학교에서 앨런 튜링(맨 왼쪽에 앉아 있는 인물)과 여러 학자가 함께 찍은 사진.
출처 https://wellcomeimages.org/indexplus/obf_images/d3/8b/
a35b81c8d9cedb039c233045c097.jpg
저작자 CC BY 4.0, via Wikimedia Commons
사진 3. 1952년, 프린스턴 고등연구소를 위해 제작된 컴퓨터 헌정식에 참석한 로버트 오펜하이머(왼쪽)와 존 폰 노이만.
출처 http://ds-wordpress.haverford.edu/bitbybit/bit-by-bit-contents/chapter-five/5-2-john-von-neumann-and-the-report-on-the-edvac/
저작자 Unknown author, Public domain, via Wikimedia Commons
사진 4. 인공지능 이미지.
출처 픽사베이

12장 청각 장애인의 아버지 그레이엄 벨

사진 1. 그레이엄 벨.
출처 Library and Archives Canada / C-017335
저작자 Moffett Studio
사진 2. 1892년, 뉴욕에서 시카고로 전화를 걸고 있는 그레이엄 벨.
출처 National Portrait Gallery
저작자 E. J. Holmes, CC0, via Wikimedia Commons
사진 3. 1947년, 캐나다에서 발행한 알렉산더 그레이엄 벨 탄생 100주년 기념 우표.
출처 Canafa Post Office / Gwillhickers: Hi-res scan of Canada postage stamp from private collection.
저작자 Canada Post Office, Public domain, via Wikimedia Commons
사진 4. 1885년, 그레이엄 벨과 그의 아내, 딸들, 그리고 가디너 그린 허바드 부부 등이 함께 찍은 사진.
출처 Library of Congress
저작자 Miscellaneous Items in High Demand, PPOC, Library of Congress, Public domain, via Wikimedia Commons

13장 게임이론의 아버지 존 폰 노이만

사진 1. 1956년, 존 폰 노이만.
출처 HD.3F.191
저작자 ENERGY.GOV, Public domain, via Wikimedia Commons
사진 2. 프린스턴 고등연구소에서 초기 컴퓨터 '매니악' 앞에 선 줄리안 비겔로, 허먼 골드스타인, 로버트 오펜하이머, 존 폰 노이만(오른쪽 맨 끝).
출처 자작
저작자 bigelow, CC BY-SA 3.0, via Wikimedia Commons
사진 3. IEEE 존 폰 노이만 메달. 1990년 전기전자공학자협회(IEEE) 이사회에 의해 만들어져 '컴퓨터 관련 과학 및 기술 분야의 뛰어난 업적'에 대해 매년 수여함.
출처 자작
저작자 Tiginbeg, CC BY-SA 4.0, via Wikimedia Commons

14장 기체 운동의 대가 루트비히 볼츠만

사진 1. 1898년, 루트비히 볼츠만의 석판화.
출처 https://geschichte.univie.ac.at/de/bilder/ludwig-boltzmann-1844-1906-physik-und-philosophie
저작자 Rudolf Fenzl (1867-1908), Public domain, via Wikimedia Commons
사진 2. 1905년, 에른스트 마흐.
출처 Christian Lunzer (Hrsg.): Wien um 1900-Jahrhundertwende, ALBUM Verlag für Photografie, Wien 1999
저작자 Charles Scolik, Public domain, via Wikimedia Commons

15장 84번이나 노벨상 후보에 오른 아르놀트 조머펠트

사진 1. 아르놀트 조머펠트.
출처 Library of Congress
저작자 Bain News Service, publisher, Public domain, via Wikimedia Commons
사진 2. 1911년, 세계적인 물리학·화학 학회인 솔베이 회의에 참석한 조머펠트(왼쪽에서 네 번째)와 아인슈타인(오른쪽에서 두 번째).
출처 Benjamin Couprie
저작자 Benjamin Couprie, Public domain, via Wikimedia Commons

:: 참고 도서 및 자료

『E=mc²』, 데이비드 보더니스 지음, 김민희 옮김, 생각의나무, 2001년.
『1905 아인슈타인에게 무슨 일이 일어났나』, 존 S 릭던 지음, 임영록 옮김, 박병철 감수, 랜덤하우스중앙, 2006년.
『고전물리학의 창시자들을 찾아서』, 에밀리오 세그레 지음, 노봉환 옮김, 전파과학사, 1997년.
『과학사의 이해』, 임경순, 정원 지음, 다산출판사, 2015년.
『그림으로 보는 시간의 역사(확대 개정판)』, 스티븐 호킹 지음, 김동광 옮김, 까치, 2015년.
『기체론 강의(1~2)』, 루트비히 볼츠만 지음, 이성열 옮김, 아카넷, 2017년.
『노벨상을 꿈꿔라 1~9』, 이충환 등저, 동아엠앤비, 2016~2024년.
『니콜라 테슬라』, 세르죠 로시 지음, 박종순 옮김, BH balance & harmony, 2020년.
『당신에게 노벨상을 수여합니다(노벨 물리학상)』, 노벨 재단 엮음, 이광렬 이승철 옮김, 바다출판사, 2024년.
『대륙과 해양의 기원』, 알프레트 베게너 지음, 김인수 옮김, 나남, 2010년.
『마법의 용광로』, 마커스 초운 지음, 이정모 옮김, 사이언스북스, 2009년.
『모든 사람을 위한 빅뱅 우주론 강의(증보판)』, 이석영 지음, 사이언스북스, 2020년.
『물리학백과』, 한국물리학회.
『미래에서 온 남자 폰 노이만』, 아난요 바타차리야 지음, 박병철 옮김, 웅진지식하우스, 2023년.
『베게너의 지구』, 김영호 지음, 나무와숲, 2018년.
『별에 가까이 간 사람들(1~2)』, 사이타 히로시 지음, 김장훈 옮김, 가람기획, 2002년.
『볼츠만의 원자』, 데이비드 린들리 지음, 이덕환 옮김, 승산, 2003년.
『불확정성』, 데이비드 린들리 지음, 박배식 옮김, 시스테마, 2009년.
『블랙홀과 시간굴절』, 킵 S 손 지음, 박일호 옮김, 이지북, 2005년.
『블랙홀 교향곡』, 우종학 지음, 동녘사이언스, 2012년.
『빅뱅의 메아리』, 이강환 지음, 마음산책, 2021년.
『빛으로 말하는 현대물리학』, 고야마 게이타 지음, 손영수 옮김, 전파과학사, 1990년.
『빛의 제국』, 질 존스 지음, 이충환 옮김, 양문, 2006년.
『사이언티스트 100』, 존 시몬스 지음, 여을환 옮김, 세종서적, 1997년.
『수소로 읽는 현대과학사』, 존 S 리그던 지음, 박병철 옮김, 알마, 2007년.
『시간의 역사』, 스티븐 호킹 지음, 현정준 옮김, 삼성출판사, 1990년.
『아인슈타인』, 월터 아이작슨 지음, 이덕환 옮김, 까치, 2007년.
『아인슈타인 삶과 우주』, 월터 아이작슨 지음, 이덕환 옮김, 까치, 2007년.
『앨런 튜링』, B. 잭 코플랜드 지음, 이재범 옮김, 지식함지, 2014년.
『양자론(한 권으로 충분한)』, 다케우치 가오루 지음, 김재호 이문숙 옮김, 전나무숲, 2010년.
『오일러에서 노이만까지 인물로 읽는 현대수학사 60장면(1~3)』, 제임스 이오안 지음, 노태복 옮

　　　노벨상 수상자보다 빛난 천재 물리학자들